부산교통공사

일반상식

KB084322

	영 역	일반상식
제 1 회	문항수	50문항
	시 간	50분
	비 고	객관식 4지선다형

SEOWONGAK
(주)서원각

제1회 기출동형 모의고사

1. 다음 중 토론의 궁극적인 목적은?

① 의견 발표　　　　② 의견 설득

③ 의견 교환　　　　④ 의견 제시

2. 다음 독서의 과정에서 가장 먼저 일어나는 것은?

① 의미의 이해　　　② 정보의 분석

③ 분석과 비판　　　④ 문자의 지각

3. 다음 중 북한의 문화어 풀이 중 옳지 않은 것은?

① 가시아버지 – 장인

② 건병 – 농담

③ 단얼음 – 빙수

④ 리용편의 – 서비스

4. 다음 중 밑줄 친 부분의 품사가 다른 하나는?

① 과연 이 일은 앞으로 어떻게 될 것인가?

② 전에는 그를 더러 보았지만 요새는 전혀 보이지 않는다.

③ 세월이 물과 같이 흐른다.

④ 원하는 대로 이루어졌다.

5. 다음 중 부사어가 쓰이지 않은 문장은?

① 아침이 되자 태양이 붉게 떠오른다.

② 노란 우산이 나란히 걸어갑니다.

③ 자연과 함께 하는 삶을 추구해야한다.

④ 소녀의 꿈은 발레리나가 되는 것이다.

6. 다음 중 반의어의 성격이 다른 것은?

① 뜨겁다 – 차갑다　　② 홀수 – 짝수

③ 삶 – 죽음　　　　　④ 출석 – 결석

7. 다음 중 맞춤법이 옳지 않은 것은?

① 나무꾼　　　　　　② 깍뚜기

③ 일찍이　　　　　　④ 지푸라기

8. 다음 중 표준어로만 옳게 짝지어진 것은?

① 웃입술, 냄비, 주책없다

② 깡충깡충, 네째, 강낭콩

③ 끄나풀, 괴팍하다, 소금쟁이

④ 미장이, 수평아리, 숫염소

9. 다음 중 문학의 3대 특성과 거리가 먼 것은?

① 항구성(恒久性)

② 창조성(創造性)

③ 개성(個性)

④ 보편성(普遍性)

10. 다음 중 독자에게 읽히기 위한 목적으로 쓰여진 시나리오는?

① 창작 시나리오

② 각색 시나리오

③ 레제 시나리오

④ 오리지널 시나리오

11. 다음 중 고대가요와 수록된 문헌의 연결이 바르지 않은 것은?

① 황조가 – 삼국사기 ② 구지가 – 삼국유사

③ 정읍사 – 삼국유사 ④ 공무도하가 – 해동역사

12. 다음 설명과 관계있는 작품은?

- 현실 도피적(現實逃避的)인 노장적 퇴폐 사상을 주조(主潮)로 한다.
- 고려 후기 신흥 사대부들의 활기찬 감정과 의식세계를 노래하였다.
- 사물이나 경치를 나열함으로써 신흥 사대부들의 호탕한 기상을 드러내고 있다.

① 성산별곡 ② 면앙정가

③ 한림별곡 ④ 서경별곡

13. 다음 중 〈창조〉의 동인이 아닌 작가는?

① 김동인 ② 염상섭

③ 주요한 ④ 전영택

14. 다음 중 김소월과 관계없는 것은?

① 민요적인 율조

② 7 · 5조의 전통적인 율격

③ 전통적인 한(恨)의 정서 표현

④ 현대 기계 문명에의 관심

15. 다음 중 호칭이 바르지 않은 것은?

① 仁兄 – 벗을 높이어 부를 때

② 萱堂 – 살아계신 자기 어머니

③ 家親 – 살아계신 자기 아버지

④ 春府丈 – 살아계신 남의 아버지

16. 다음과 같은 유물을 사용했던 시기의 사회상으로 옳지 않은 것은?

- 주먹도끼
- 찍개
- 팔매돌

① 강가나 해안가에서 막집을 짓고 살았다.

② 뗀석기 도구를 사용해 사냥을 하였다.

③ 무리생활을 시작하였으며 권력을 가진 지도자가 등장하였다.

④ 동물의 뼈, 뿔 등에 풍성한 사냥감을 비는 주술적 의미의 조각품을 남겼다.

17. 다음 중 나라와 그 풍습이 바르게 연결된 것을 모두 고르면?

| ㉠ 옥저 – 민며느리제 | ㉡ 부여 – 영고, 순장 |
| ㉢ 고구려 – 서옥제 | ㉣ 동예 – 족외혼 |

① ㉠ ② ㉠㉡

③ ㉠㉡㉢ ④ ㉠㉡㉢㉣

18. 신라의 삼국통일 후 다음과 관련하여 설치한 것은?

- 중앙의 귀족들을 이곳에 이주시켰다.
- 수도가 동남쪽에 치우쳐 있는 것을 보완하기 위하여 설치하였다.
- 지방문화의 중심을 이루어 지방문화 발달에 이바지하였다.

① 9주 ② 5소경

③ 9서당 ④ 10정

19. 다음 정책들의 근본적인 목적으로 옳은 것은?

| • 노비안검법 실시 | • 주현공부법 실시 |
| • 과거제도 실시 | • 관리의 공복제도 실시 |

① 왕권강화 ② 민생안정

③ 호족통합 ④ 관제정비

20. 다음과 같은 현상이 나타나게 된 것과 같은 배경에서 발생한 사실은?

> • 북방의 여진족이 급속히 성장하여 후금을 세웠다.
> • 조선의 성리학이 일본에 전해져 큰 영향을 끼쳤다.
> • 공명첩이 대량 발급되어 신분질서가 해이해져 갔다.

① 호란의 발생
② 북벌론의 대두
③ 훈련도감의 설치
④ 쓰시마 섬의 정벌

21. 다음과 같은 사회현상에 대처하기 위해 고대사회에서 실시한 정책으로 옳은 것은?

> 신라 한기부 여권의 딸 지은은 홀어머니 밑에서 나이 32세가 되도록 시집을 가지 못하고 어머니를 봉양하였다. 집안이 어려워 남의 집 일을 하고 삯을 받아 겨우 먹고 살았다. 나중에는 부잣집 종으로 몸을 팔아 어머니를 봉양하였다. 뒷날 어머니가 내막을 알고는 밥도 먹지 않고 모녀가 대성통곡하였다.
> – 삼국사기 –

① 동시전 설치
② 진대법 실시
③ 민정문서 작성
④ 향, 부곡 설치

22. 다음의 공통점으로 옳은 것은?

> • 용병제의 도입
> • 사채의 허용
> • 관영수공업의 쇠퇴

① 부역제의 해이
② 대외무역의 발달
③ 상민의 증가
④ 장시의 발달

23. 다음 내용에 해당하는 고려시대의 사회기구로 옳은 것은?

> 풍년에 곡가가 하락하면 관에서 시가보다 높게 미곡을 매입하여 저축하였다가 흉년에 곡가가 등귀하면 시가보다 저렴하게 미곡을 방출하여 풍·흉간에 곡가를 조절함으로써 백성들의 생활을 돌본다.

① 의창
② 제위보
③ 경시서
④ 상평창

24. 다음 작품들이 갖고 있는 공통적인 특징은?

> • 화랑세기   • 계림잡전
> • 고승전   • 한산기

① 중국 문학의 소개
② 전통문화의 정리
③ 발해문화의 영향
④ 설화문학의 집대성

25. 다음과 같은 특색을 지닌 종교의 유행과 관련하여 만들어진 고려시대의 문화재로 볼 수 없는 것은?

> • 개인적인 정신세계를 찾는 경향이 강했으며, 사승(師僧)을 중시하였다.
> • 기성 사상체계에 의존하지 않고, 스스로 사색하여 진리를 깨닫는 것을 중시하였다.

① 경천사지 10층 석탑
② 구례의 연곡사지 북부도
③ 정토사 홍법국사 실상탑
④ 법천사 지광국사 현묘탑

26. 조선전기에 편찬된 역사서에 대한 설명 중 옳은 것은?

① 고려사절요 – 고려의 시대사를 본기, 연표, 지, 열전 등으로 나누어 서술하였다.

② 동국통감 – 고조선에서 고려말까지의 역사를 시대순으로 정리한 통사이다.

③ 고려사 – 고려의 시대사를 성리학적 명분론에 입각하여 재정리하였다.

④ 고려국사 – 고려시대의 역사를 있었던 그대로 서술하였다.

27. 다음은 강화도조약 이후 조선과 일본과의 관계를 설명한 것이다. 가장 늦게 일어난 것은?

① 전국의 황무지개간권을 요구하였다.

② 일본 화폐의 유통과 양곡의 무제한 유출을 허용하였다.

③ 공사관 보호를 위한 일본 군대를 주둔할 수 있게 하였다.

④ 지조법 개정, 경찰제 실시를 주장하는 개혁안을 발표하게 하였다.

28. 독립협회에서 주최했던 관민공동회에서 결의한 헌의 6조의 내용에 나타난 주장이라고 볼 수 없는 것은?

　㉠ 외국인에게 아부하지 말 것
　㉡ 외국과의 이권에 관한 계약과 조약은 각 대신과 중추원 의장이 합동 날인하여 시행할 것
　㉢ 국가재정은 탁지부에서 전관하고, 예산과 결산을 국민에게 공포할 것
　㉣ 중대 범죄를 공판하되, 피고의 인권을 존중할 것
　㉤ 칙임관을 임명할 때는 정부에 그 뜻을 물어서 중의를 따를 것
　㉥ 정해진 규정을 실천할 것

① 공화정치의 실현

② 권력의 독점방지

③ 국민의 기본권 확보

④ 자강개혁운동의 실천

29. 일제의 통치정책 중의 일부이다. 이와 같은 내용을 모두 포괄하는 일제의 식민통치방법은?

　• 일본식 성명의 강요　　• 신사참배의 강요
　• 징병·징용제도의 실시　• 부녀자의 정신대 징발

① 문화통치

② 헌병경찰통치

③ 민족말살통치

④ 병참기지화정책

30. 다음 글과 관련이 있는 것은?

우리 민족은 맨손으로 일어섰고 붉은 피로 독립을 구하여 세계 혁명의 역사에 있어서 하나의 새로운 세계를 열었다. 기미(1919)·경신(1920) 이후로는 이러한 움직임이 더욱 치열하고 그 진행이 계속되었다. 오히려 죽음의 세계에 도달하는 것은 반드시 이루어야 할 목적으로 삼았다. 그러므로 나의 역사 서술은 마땅히 '통사(通史)'에 이어 독립을 완성하는 날로 획린(獲麟)의 시기를 삼아야 할 것이며, 광복의 역사에 이르러서는 나의 능력 있는 벗에게 부탁함이 옳을 것이다.

－ 한국 독립 운동지혈사 －

① 사회경제 사학

② 실용과학 사학

③ 민족주의 사학

④ 실증주의 사학

31. 중국 후베이성 우한시에서 발생하여 '우한 폐렴'이라고 불리는 이 질병은 감염 시 고열을 동반한 기침, 폐렴 등의 호흡기 증상이 나타나고 심하면 사망에까지 이르게 된다. 미국, 프랑스, 호주 등 전 세계로 확산되고 있는 이 질병의 원인병원체는?

① 사스바이러스

② 신종 코로나바이러스

③ 메르스바이러스

④ 에볼라바이러스

32. 정규 시즌이 끝난 겨울철 야구 팬들이 난로 주변에 둘러앉아 선수들의 연봉 협상이나 트레이드, 다음 시즌에 대한 예측 등에 관해 언쟁을 벌이는 데서 유래된 말로, 최근 한 드라마 제목으로 사용돼 주목되기도 한 이 용어는?

① 스토브리그
② 윈터리그
③ 마이너리그
④ 메이저리그

33. 다음 대화 속 甲과 같은 사람을 일컫는 용어는?

> 乙 : 甲아, 너 이번에 또 회사를 옮겼다면서?
> 甲 : 응, 3년쯤 다녔더니 더 이상 배울 게 없더라고.
> 乙 : 전에도 2년 정도 다니다가 옮기더니. 그래서 이번엔 어디로 옮긴 거야?
> 甲 : A글로벌Co. 글로벌 업무 경력도 쌓을 수 있고 연봉도 500만 원이나 많아.
> 乙 : 우와! 부럽다.

① 예티족
② 엠니스족
③ 잡호핑족
④ 스완족

34. 다음 중 '규제비용총량제'에 대한 설명으로 옳지 않은 것은?

① 총 규제 건수를 기준으로 규제를 관리한다.
② 개정 법안에는 또 원칙허용예외금지, 즉 네거티브 규제 방식의 우선 적용 대상에 시장 진입이나 사업 활동 제한 규제를 명시해 실효성을 높였다.
③ 규제를 신설할 때 그 비용과 동일한 비용의 기존 규제를 폐지해야 한다.
④ 영국식 '코스트 인·코스트 아웃(Cost-in, Cost-out)' 모델을 벤치마킹 한 것이다.

35. 다음 상황과 관련된 것은?

> A, B, C, D, E는 한 달 전부터 1월 1일 해돋이를 보러 갈 계획을 세웠다. 그러나 1월 1일이 가까워 오자 추운 날씨와 심각한 교통체증에 시달릴 생각을 하니 모두가 가고 싶지 않아졌다. 하지만 A, B, C, D, E는 자신을 뺀 다른 사람들은 가고 싶어할 것이라는 생각에 12월 31일 밤 해돋이를 보러 가는 것에 찬성했고, 밀리는 차 안에서 아침을 맞이하며 다섯 명 모두 후회를 했다.

① 애빌린의 역설
② 구성의 오류
③ 절약의 역설
④ 제논의 역설

36. 이들은 자율과 조력을 내세워 아이와 눈높이를 맞추고 자녀에게 많은 자유를 주는 특징을 가지며, 특히 육아에 있어서 자녀들과의 정서적 교감과 유대감을 키우는 것을 중요시한다. 우리나라도 이러한 어머니들의 등장을 향후 10년간 우리 사회를 바꿀 현상으로 꼽았다. 이들을 가리키는 용어는?

① 스칸디맘
② 타이거맘
③ 에코맘
④ 시큐리티맘

37. 잘못된 정보나 악성루머 등이 미디어, 인터넷 등을 통해 매우 빠르게 확산되는 현상을 일컫는 말은?

① 미닝아웃
② 스티커쇼크
③ 인포데믹
④ 루머트리지

38. 다음 상황과 관련 있는 것은?

> A : 가수 甲이 검색어 1위던데, 봤어?
> B : 응, SNS에 있던 남자친구 사진을 다 삭제했다더라고.
> A : 남자친구가 배우 乙이었지? 사진을 왜 삭제해? 헤어졌나?
> B : 소문에 의하면 甲이 후배 가수 丙하고 바람피우다 乙한테 차였다던데?
> A : 정말? 창피할만도 하겠다. 숨기고 싶었을텐데 검색어 1위라니. 그러게 사진은 왜 다 삭제해서...

① 라이 증후군
② 던바의 법칙
③ 스트라이샌드 효과
④ 바이토 테러

39. 다음 중 '덤 머니'의 의미로 옳은 것은?
① 미국에서 기업이나 단체가 지지 정당에 제공하는 후원금
② 고수익을 위해 장세의 변화에 따라 신속하게 움직이는 자금
③ 개인적인 친분이나 대출 따위의 방법을 통해 창업자가 직접 마련한 자금
④ 전문성이 결여된 개인 투자자의 자금

40. 다음 상황과 관련된 용어는?

> 금요일 퇴근 후 백화점을 방문한 A씨는 고가의 화장품 브랜드 매장에 들어가 여러 색깔의 립스틱을 발라 본 후 집으로 돌아와 인터넷에서 가장 저렴하게 판매하는 사이트에서 마음에 든 색깔의 립스틱을 구매하였다.

① 그루밍족
② 쇼루밍족
③ 노무족
④ 루비족

41. 다음에 설명하고 있는 것은?

> 한 나라에서 사용하는 통화의 액면을 동일한 비율의 낮은 숫자로 변경하는 것으로, 보통 인플레이션 등으로 화폐의 가치가 하락하여 경제량을 화폐적으로 표현하는 숫자가 커지면서 계산 또는 지급상의 불편을 해소할 목적으로 실시된다.

① 디플레이션
② 디스인플레이션
③ 스태그플레이션
④ 리디노미네이션

42. 처음에는 좋아하지 않거나 무관심했지만 그 대상에 대해 반복적으로 노출되면서 호감도가 증가하는 현상을 가리키는 말은?
① 에펠탑 효과
② 베르사유 효과
③ 노틀담 효과
④ 루브르 효과

43. 지구 온난화가 환경에 영향을 준 사례로 옳지 않은 것은?
① 북반구에서는 작물 재배의 북한계선이 북상하고 있다.
② 대관령 일대의 고랭지 채소 재배 면적이 감소하고 있다.
③ 해수면 상승으로 해안 저지대의 침수 피해가 나타나고 있다.
④ 우리나라 근해에서는 한류성 어족의 어획량이 증가하고 있다.

44. 우리나라 프로야구 구단의 마스코트가 잘못 연결된 것은?
① 기아 – 호랑이
② 삼성 – 곰
③ 롯데 – 갈매기
④ NC – 공룡

45. 상류층이 되고 싶거나 신분상승을 바라는 마음이 특정 상품의 구매로 이어지는 것으로, 고가의 상품을 사면서 해당 상품을 소비하는 상류 집단과 자신을 동일시하는 현상은?

① 파노플리 효과

② 베블렌 효과

③ 자이가르닉 효과

④ 마태 효과

46. 첨단 기술의 발달과 사회 변화로 인해 산업 간의 경계가 모호해지는 현상을 일컫는 용어는?

① 빅레이어

② 빅룩

③ 빅블러

④ 이레이저

47. 사람이 학습을 하듯이 컴퓨터도 입력된 데이터들을 학습하게 함으로써 새로운 지식을 얻어내고자 하는 기술이나 기법을 칭하는 용어는?

① 딥러닝

② 머신러닝

③ 마이크로러닝

④ 이러닝

48. 다음 중 물의 특성에 대한 설명이 옳지 않은 것은?

① 영양소의 용매로서 체내 화학반응의 촉매 역할과 삼투압을 조절하여 체액을 정상으로 유지시킨다.

② 체온의 항상성을 유지한다.

③ 신체의 노폐물을 대, 소변, 땀, 호흡 등을 통해 배설시킨다.

④ 신체의 새로운 조직을 만드는데 필요한 성분으로 체중의 약 16%를 차지하고 있다.

49. 백화점·슈퍼마켓 등 대형소매상이 독자적으로 개발한 브랜드 상품을 일컫는 용어는?

① PB

② NB

③ PA

④ CVS

50. 미국의 금리 인상이 끼칠 영향으로 가장 옳지 않은 것은?

① 원달러 환율이 오른다.

② 국내 금리가 인상된다.

③ 국내 대출이 증가한다.

④ 국내 투자가 감소한다.

부산교통공사

일반상식

	영 역	일반상식
제 2 회	문항수	50문항
	시 간	50분
	비 고	객관식 4지선다형

SEOWONGAK
(주)서원각

제2회 기출동형 모의고사

1. 다음 설명과 관계 있는 토의 형식은?

> 이견(異見) 조정의 수단으로 의회나 일반 회의에서 자주 쓰이며, 시사 문제나 전문적인 문제들을 해결하는 데 적합한 형식이다.

① 패널(Panel)

② 포럼(Forum)

③ 심포지엄(Symposium)

④ 원탁 토의(Round table discussion)

2. 다음 중 독서와 관련이 없는 것은?

① 도원결의(桃園結義)

② 한우충동(汗牛充棟)

③ 수불석권(手不釋卷)

④ 독서백편의자현(讀書百遍義自見)

3. 다음 중 발음이 옳지 않은 것은?

① 키읔[키윽]

② 다쳐[다처]

③ 깎아[깍아]

④ 닐리리[닐리리]

4. 다음 중 단일한 형태소로 이루어진 단어가 아닌 것은?

① 나무   ② 어머나

③ 학교   ④ 부산

5. 다음 중 높임 표현이 바르게 쓰인 것은?

① 할아버지, 아버지가 지금 왔습니다.

② 그 분은 다섯 살 된 따님이 계시다.

③ 영수야, 선생님이 빨리 오시래.

④ 할머니께서는 이빨이 참 좋으십니다.

6. 다음 중 관용적인 표현이 아닌 것은?

① 영수는 발이 넓다.

② 당신은 나의 태양입니다.

③ 낫 놓고 기역자도 모른다.

④ 신혼 살림에 깨가 쏟아진다.

7. 다음 중 표준어로만 바르게 묶인 것은?

① 살쾡이, 부엌

② 끄나풀, 삭월세

③ 알타리무, 애달프다

④ 멍게, 설겆이

8. 다음 밑줄 친 말 중 표준어인 것은?

① 어머니께서 시원한 <u>미싯가루</u>를 타 주셨다.

② 내가 의사가 되는 것이 아버지의 <u>바램</u>이다.

③ 그렇게 <u>게을러</u> 빠져서 장차 무슨 일을 하겠니?

④ 철수는 합격자 발표 날이 다가올수록 <u>안절부절했다</u>.

9. 다음 중 초현실주의 작가와 작품을 바르게 연결한 것은?

① 이상(李箱)의 「날개」

② 김동인의 「배따라기」

③ 현진건의 「운수 좋은 날」

④ 염상섭의 「표본실의 청개구리」

10. 다음 비평의 종류 중 내재적 방법에 속하는 것은?

① 신비평

② 신화 비평

③ 역사주의 비평

④ 심리주의적 비평

11. 다음 중 향가가 수록된 문헌을 바르게 짝지은 것은?

① 삼국유사, 균여전

② 악학궤범, 악장가사

③ 삼국사기, 삼대목

④ 시용향악보, 청구영언

12. 다음 중 윤선도의 「어부사시사」에 영향을 준 작품의 저자는?

① 송순

② 주세붕

③ 이황

④ 이현보

13. 다음 중 이광수의 「무정」에 대한 설명으로 옳지 않은 것은?

① 최초의 근대적 장편 소설이다.

② 〈만세보〉에 연재되었다.

③ 계몽주의 성격을 띠고 있다.

④ 근대적 개인주의에 바탕을 두고 있다.

14. 다음 중 반의어가 바르게 연결되지 않은 것은?

① 開 － 閉   ② 歡 － 哀

③ 單 － 福   ④ 得 － 失

15. 다음 중 '死後藥方文'과 뜻이 비슷한 것은?

① 쇠 귀에 경 읽기

② 금강산도 식후경

③ 소 잃고 외양간 고친다.

④ 먹고 죽은 귀신은 혈색도 좋다.

16. 다음 중 내용이 옳지 않은 것은?

	구분	구석기 시대	신석기 시대
①	도구·경제	뗀석기, 사냥 및 채집	간석기, 농경 목축
②	사회	평등사회, 이동생활, 무리생활	평등사회, 이동생활, 씨족사회
③	주거	동굴이나 강가의 막집	움집
④	유적	함북웅기 굴포리, 충남공주석장리	서울 암사동, 김해 수가리

17. 다음을 통해 알 수 있는 부여와 고구려 사회에 대한 설명으로 옳은 것은?

> • 사출도
> • 제가회의
> • 대사자, 사자

① 제사와 정치가 분리되어 있었다.

② 일찍부터 연맹왕국으로 발전하였다.

③ 농경과 목축을 기반으로 한 사회였다.

④ 두 나라의 종족 구성이 대체로 비슷하였다.

18. 발해를 우리 민족사의 일부로 포함시키고자 할 때 그 증거로 제시할 수 있는 내용들로만 묶은 것은?

> ㉠ 발해를 건국한 대조영은 고구려의 유민이었다.
> ㉡ 발해의 문화 기반은 고구려 문화를 계승하였다.
> ㉢ 발해는 당과는 다른 독자적인 정치운영을 하였다.
> ㉣ 발해는 신라와 함께 당의 빈공과에 많은 합격자를 내었다.
> ㉤ 발해의 왕이 일본에 보낸 국서에 '고(구)려국왕'을 자처하였다.

① ㉠㉡㉢
② ㉠㉡㉣
③ ㉠㉡㉤
④ ㉡㉢㉤

19. 묘청의 서경천도운동을 평가한 글이다. 이를 근거로 볼 수 있는 서경파의 주장은?

> 묘청의 천도운동에 대해 역사가들은 단지 왕사가 반란한 적을 친 것으로 알았을 뿐인데, 이는 근시안적인 관찰이다. 그 실상은 낭가와 불교 양가 대 유교의 싸움이며, 국풍파 대 한학파의 싸움이며, 독립당 대 사대당의 싸움이며, 진취사상 대 보수사상의 싸움이니, 묘청은 전자의 대표요, 김부식은 후자의 대표였던 것이다. 묘청의 서경천도운동에서 묘청 등이 패하고 김부식이 이겼으므로 조선사가 사대적 · 보수적 · 속박적 사상인 유교사상에 정복되고 말았다. 만약 김부식이 패하고 묘청이 이겼더라면 조선사가 독립적 · 진취적으로 진전하였을 것이니, 이것이 어찌 일천년래 제일대사건이라 하지 아니하랴.
> – 신채호의 「조선사연구초」 –

① 거란과 여진 사이의 실리적 외교
② 금국정벌론과 칭제건원 추진
③ 친송배요의 중화주의 노선 추진
④ 문벌귀족체제의 유지를 위한 중립외교

20. 다음과 같은 역사적 평가를 내릴 때, 그 근거로 옳은 것은?

> 조선의 건국은 정치권력과 경제력을 독점하고 있던 권문세족을 무너뜨리고, 신진사대부들이 사회의 주도 세력으로 성장하였음을 보여 주고 있다.

① 한양천도
② 위화도 회군
③ 과전법 실시
④ 집현전 실시

21. 다음의 제도가 있었던 시대의 고려의 사회상으로 옳은 것은?

> • 학보 • 경보
> • 제위보 • 팔관보

① 고리대업의 성행
② 빈민구제제도의 발달
③ 화폐유통의 활발
④ 대외무역의 발달

22. 다음 사실의 공통적인 목적으로 옳은 것은?

> • 지방 양반들은 향약을 실시하였다.
> • 호패법과 오가작통법을 강화하였다.
> • 잡곡, 도토리, 나무껍질 등을 가공하여 먹을 수 있는 구황방법을 제시하였다.

① 농촌사회의 안정
② 농업기술의 개량
③ 수취제도의 개선
④ 수공업 원료의 증사

23. 다음 중 고구려 문화의 영향을 받은 나라를 모두 고르면?

> ㉠ 백제 ㉡ 신라
> ㉢ 발해 ㉣ 일본

① ㉠
② ㉠㉡
③ ㉠㉡㉢
④ ㉠㉡㉢㉣

24. 신라의 석탑 중에서 통일신라시대에 유행하였던 석탑양식을 대표할 수 있는 가장 전형적이고 아름다운 것으로 평가되는 것은?

① 황룡사 9층 석탑
② 해인사 3층 석탑
③ 불국사 석가탑
④ 화엄사 4사자 3층 석탑

25. 고려시대의 과학기술과 그 발달배경을 바르게 연결한 것은?

> ㉠ 화약과 화포 – 왜구의 침략
> ㉡ 인쇄술의 발달 – 지식의 대중화
> ㉢ 수시력 채용 – 외래문물의 수용 요구
> ㉣ 대형 범선 제조 – 송과의 해상무역 발달

① ㉠㉡　　　　　　　② ㉠㉣

③ ㉡㉢　　　　　　　④ ㉢㉣

26. 다음 중 학자에 대한 설명과 대표저서의 연결이 옳은 것은?

① 유수원의 「우서」 – 절약보다 소비를 권장하였다.

② 홍대용의 「의산문답」 – 기술의 혁신과 문벌제도의 철폐 및 지전설을 주장하였다.

③ 박지원의 「열하일기」 – 상공업의 진흥과 기술혁신, 사농공상의 직업평등화를 주장하였다.

④ 박제가의 「북학의」 – 양반 문벌 제도의 비생산성을 비판하였다.

27. 근세 조선이 외국과 근대적 조약을 체결한 올바른 순서는?

① 일본 – 청 – 영국 – 미국 – 프랑스 – 독일

② 일본 – 미국 – 영국 – 독일 – 러시아 – 프랑스

③ 청 – 일본 – 화란 – 프랑스 – 미국 – 영국

④ 영국 – 일본 – 미국 – 독일 – 러시아 – 프랑스

28. 대한민국 임시정부의 활동으로 옳지 못한 것은?

① 연통제와 교통국 조직

② 봉오동, 청산리전투

③ 한국광복군의 창설

④ 사료편찬소 설치

29. 대한제국 당시에 쓰여진 다음 글과 관련된 민족운동은?

> 근대 우리나라는 국유광산이라든지, 철도기지 · 서북삼림 · 연해어업 등 이 모든 것에 대한 외국인들의 권리취득요구가 그칠 줄 모르는데, 오늘에 이르러서는 일인들이 또다시 국내 산림과 원야개발권까지 허가해 줄 것을 요청하기에 이를 정도로 극심해졌으니, 정부는 또 이 요구를 허가할 작정인가. 만일 이것마저 허가한다면 외국인들이 이 위에 또다시 요구할 만한 무엇이 남아 있겠으며, 우리도 또한 무엇이 남아서 이런 요구에 응할 것이 있겠는가.
>
> – 이상재의 상소문 –

① 항일의병운동

② 상권수호운동

③ 근대적 주식회사 설립

④ 이권침탈저지운동

30. 다음 중 근대문물의 수용이 잘못 연결된 것은?

① 에비슨 – 세브란스병원을 설립

② 알렌 – 근대 의료시설인 광혜원 설치

③ 모스 – 서울 ~ 인천간 전신선 가설

④ 콜브란 – 한성전기회사의 전차 부설

31. 전시 또는 레저를 목적으로 동물을 사냥해 박제 등을 수집하고 기념하는 사람들을 일컫는 용어는?

① 크라운 헌터

② 트로피 헌터

③ 머니 헌터

④ 하비 헌터

32. 다음 빈칸에 들어갈 용어로 적절한 것은?

> 정부는 현 중동정세를 고려해 우리 국민의 안전과 선박의 자유항행 보장을 위해 청해부대를 독자적 작전을 펼치는 방식으로 (　　　) 해협 일대에 파견하기로 결정했다고 밝혔다.

① 아라비아　　　　　　② 페르시아

③ 호르무즈　　　　　　④ 에리트레아

33. 다음 사례를 표현하는 용어는?

> • 프랑스 화가 앵그르의 '리비에르양의 초상'을 우유팩 겉면에 삽입하여 고급화에 성공하였다.
> • 진통제 포장 상자 겉면에 클림트의 '아델레 브로흐 바우어의 초상'을 사용하여 명화와의 만남을 시도했다.

① 데카르트 마케팅
② 프로이트 마케팅
③ 사르트르 마케팅
④ 스피노자 마케팅

34. 미국 IT업계를 선도하는 FANG에 해당하는 기업이 아닌 것은?

① 아마존
② 구글
③ 넷플릭스
④ 애플

35. 시민 누구나가 참여해 정책결정자와 주요 이슈 등에 대해 의견을 나누고 질의응답의 시간을 가지는 비공식적 회의를 일컫는 용어는?

① 심포지엄
② 패널토의
③ 공청회
④ 타운홀미팅

36. 특정 사실이 언론매체를 통해 이슈화되면 관심이 집중되고 새로운 사실로 받아들이며 이 관심이 확산되는 현상을 나타내는 용어는?

① 베르테르 효과
② 루핑 효과
③ 나비 효과
④ 피그말리온효과

37. 홍콩의 민주화 요구 시위가 길어지고 있는 가운데 홍콩 구의원 선거에서 범민주 진영이 친중파 후보들을 누르고 압승했다. 다음 중 홍콩 시위와 가장 거리가 먼 것은?

① 캐리람
② 우산 혁명
③ 복면금지법
④ 재스민 혁명

38. 다음 중 다보스 포럼이 개최되는 나라는?

① 덴마크
② 스웨덴
③ 스위스
④ 프랑스

39. 인터넷으로 상품을 구매할 때 나타나는 새로운 소비 흐름으로 다른 사람이 제품을 사용한 경험을 중요하게 여겨 물건을 구입할 때 이미 그 물건을 산 사람의 의견을 참고하여 결정을 내린다. 이러한 소비자군을 일컫는 말은?

① 리뷰슈머
② 트윈슈머
③ 모디슈머
④ 프로슈머

40. 다음과 같은 상황과 관련된 현상은?

① 다원적 무지
② 베블런 효과
③ 아폴로 신드롬
④ 제노비스 신드롬

41. 투기나 판매를 목적으로 유명인이나 단체의 이름을 딴 도메인을 선점하는 행위를 일컫는 말은?

① 웨바홀리즘

② 그린그리드

③ 사이버배팅

④ 사이버스쿼팅

42. 빠르고 짧은 시간 동안 새 제품이나 서비스를 만들고 출시 한 뒤 성과를 측정해 다음 제품 개선에 반영하는 것을 반복해 성공 확률을 높이는 경영 방법론을 뜻하는 것은 무엇인가?

① 린 스타트업

② 티저 마케팅

③ 프리 마케팅

④ 란체스터 전략

43. 다음 중 AIIB 가입국이 아닌 나라는?

① 중국　　　　　　② 일본

③ 한국　　　　　　④ 영국

44. 다음 설명에 해당하는 것은?

> 새로 부상하는 세력이 지배세력의 자리를 빼앗으려고 위협해 올 때 극심한 구조적 긴장이 발생하는 현상으로, 최근 중국과 미국이 다양한 분야에서 주도권 다툼을 벌이는 것도 이러한 사례로 볼 수 있다.

① 살라미 전술

② 벼랑끝 전술

③ 투키디데스의 함정

④ 유동성의 함정

⑤ 퍼펙트 스톰

45. 유대인들은 세계적으로 그 어느 민족보다 가장 복잡하고 까다로운 그들만의 음식 계율을 준수하고 있다. 이러한 전통적인 음식 계율은 그들이 수천 년 동안 이방 민족 사이에 섞여 살면서도 그들 나름대로의 동질성을 지켜 오는 데 결정적인 역할을 해 왔다. 유대인의 독특한 음식 계율을 '카슈루트(kashrut)'라고 하는데 히브리어로 '적합'을 의미한다. 유대인 사회에서는 이러한 음식 계율에 적합한 음식물을 '카셰르'라고 한다. 이와 비슷한 맥락으로 이슬람교도인 무슬림이 먹고 쓸 수 있는 제품을 총칭하는 용어는 무엇인가?

① 코셔　　　　　　② 할랄

③ 맛초　　　　　　④ 테레파

46. 다음 중 헌법재판소의 관장 사항이 아닌 것은?

① 탄핵의 심판

② 정당의 해산 심판

③ 법률이 정하는 헌법소원에 관한 심판

④ 행정기관 및 공무원의 직무에 관한 감찰

47. 다음 중 반의사불벌죄에 해당하지 않는 것은?

① 외국원수에 대한 폭행

② 외국의 국기의 모독

③ 존속폭행

④ 비밀침해

48. 음원사이트나 기프트 카드 등 정액 상품에서 구매자가 제공량을 다 쓰지 않아 떨어지는 부가수입을 말하는 것으로, 정액 상품을 판매한 기업의 배를 불리는 수단으로 악용되고 있다는 지적을 받는 것은?

① 낙전수입

② 포인트수입

③ 잉여수입

④ 가처분수입

49. 국제법상 분쟁해결을 위하여 당사자 간에 편의적으로 체결되는 잠정적 협정을 일컫는 용어는?

① 스케이프고트

② 모두스 베벤드

③ 페르소나 논 그라타

④ 아그레망

50. 세계 최대 규모인 이탈리아 볼로냐국제아동도서전(Bologna Children's Book Fair)에서 한 해 동안 전 세계에서 출간된 어린이 도서 가운데 각 분야의 최고 아동서를 대상으로 주어지는 상으로 어린이 도서 분야의 노벨상 격이다. 2011년 한국 작가 김희경 씨의 그림책 「마음의 집」이 논픽션 부분 대상을 수상해, 한국 작가로는 첫 대상 수상자가 되었는데 이 상의 이름은 무엇인가?

① 라가치상

② 케이트 그리너웨이상

③ 국제안데르센상

④ 카스테로상

부산교통공사

일반상식

제 3 회	영 역	일반상식
	문항수	50문항
	시 간	50분
	비 고	객관식 4지선다형

SEOWONGAK

(주)서원각

제 3 회 기출동형 모의고사

1. 다음 중 ( )안에 들어갈 접속어로 알맞은 것은?

긴팔 원숭이가 동료들을 불러 모으거나 위험을 알리기 위해 내는 특유의 외침소리와 꿀의 소재를 동료에게 알리는 소위 꿀벌의 춤과 같은 것은 동물에게도 의사전달 수단이 있음을 보여준다. ( ) 인간의 언어가 일정한 수의 음소가 결합된 형태소로써 뜻을 나타내고, 또 서로 다른 뜻을 나타내는 수천이 넘는 형태소를 지닌다는 특징은 다른 동물의 전달 수단에서는 찾아볼 수 없다. 이런 점에서 동물의 의사 전달 수단은 인간의 언어와 근본적으로 다르다고 할 수 있다.

① 그리고
② 그러나
③ 또한
④ 예컨대

2. 다음 문장에서 범하고 있는 오류는?

이것은 위대한 그림이다. 왜냐하면 모든 훌륭한 미술 평론가가 평하고 있기 때문이다. 훌륭한 미술 평론가란 이런 위대한 그림을 평하는 이이다.

① 논점 일탈의 오류
② 순환 논증의 오류
③ 원칙 혼동의 오류
④ 흑백 논리의 오류

3. 다음 중 겹받침의 발음이 잘못된 것은?

① 밟다[발따]
② 넓다[널따]
③ 읊다[읍따]
④ 흙과[흑꽈]

4. 다음 중 파생어끼리 짝지어진 것이 아닌 것은?

① 높이, 풋사과
② 손쉽다, 큰아버지
③ 덧버선, 모가지
④ 설익다, 부채질

5. 다음 중 홑문장인 것은?

① 커다란 달이 떠오른다.
② 코끼리는 코가 길다.
③ 영수는 야구와 농구를 좋아한다.
④ 그가 드디어 얼굴에 미소를 띠었다.

6. 다음 중 두 단어의 의미관계가 보기와 같은 것은?

고식지계(姑息之計) - 발본색원(拔本塞源)

① 옹골차다 - 튼실하다
② 과일 - 청포도
③ 가결(可決) - 부결(否決)
④ 숙모 - 작은 어머니

7. 다음 중 맞춤법에 맞게 쓰인 말은?

① 회수(回數)
② 갯수(個數)
③ 셋방(貰房)
④ 전세방(傳貰房)

8. 다음 중 발음이 잘못된 것은?

① 값어치[가버치]
② 설익다[설릭따]
③ 아랫니[아랜니]
④ 피읖에[피으페]

9. 소설의 시점 중 작자와 작중 인물과의 거리가 가장 먼 것은?

① 1인칭 주인공 시점
② 1인칭 관찰자 시점
③ 3인칭 관찰자 시점
④ 전지적 작가 시점

10. 다음 중 훈민정음에 대한 설명으로 옳지 않은 것은?

① 훈민정음의 창제 이전에는 우리의 말과 글을 표현하는 수단이 달랐다.
② 초성과 중성은 모두 발음기관의 모양을 본떠 만들었다.
③ '백성을 가르치는 바른 소리'라는 뜻이다.
④ 자주적이고 주체적인 의식이 드러나 있다.

11. 국문학 사상 최초의 월령체 형식으로 송도지사(頌禱之詞)를 담고있는 고려가요는?

① 사모곡
② 동동
③ 상저가
④ 정석가

12. 다다음 중 「금오신화」에 대한 설명으로 옳지 않은 것은?

① 조선 초기에 김시습이 지은 한문 단편소설집이다.
② 우리나라 최초의 소설로 인정되고 있다.
③ 〈만복사저포기〉, 〈이생규장전〉, 〈취유부벽정기〉, 〈남염부주지〉, 〈용궁부연록〉 등 5편이 수록되어 있다.
④ 중국의 「전등신화」의 내용을 번역한 소설이다.

13. 다음 중 우리 나라 최초의 창작 희곡은?

① 유치진의 「토막」
② 조중환의 「병자 3인」
③ 이인직의 「은세계」
④ 조명희 「김영일의 사」

14. 다음 중 한자의 음이 잘못된 것은?

① 模倣 – 모방
② 忖度 – 촌탁
③ 醱出 – 걕출
④ 改悛 – 개준

15. 다음의 뜻에 해당하는 한자어는?

> 배우고 때때로 그것을 익히면 또한 기쁘지 아니한가.

① 君子欲訥於言 而敏於行
② 學而時習之 不亦說乎
③ 過而不改 是謂過矣
④ 溫故而知新 可以爲師矣

16. 다음 글에 대한 설명으로 옳은 것은?

> 농경과 정착생활을 시작하면서 인간은 자연의 섭리를 생각하게 되었다. 그리하여 농사에 큰 영향을 끼치는 자연현상이나 자연물에도 정령이 있다는 믿음이 생겨났다.

① 태양이나 물의 숭배가 대표적이다.
② 구석기시대에 나타난 종교생활이다.
③ 곰과 호랑이를 부족의 수호신으로 섬겼다.
④ 우세한 부족이 스스로 하늘의 후손이라고 주장하였다.

17. 다음에서 설명하는 초기국가는?

- 비옥한 토지를 바탕으로 농사가 잘되었다.
- 고구려와 같이 부여족의 한 갈래였으나 풍속이 달라졌다.
- 골장제가 유행하여 가족이 죽으면 시체를 가매장하여 나중에 그 뼈를 추려서 목곽에 안치하였다.

① 옥저   ② 부여
③ 동예   ④ 삼한

18. 다음의 사건들이 일어난 순서대로 바르게 배열한 것은?

㉠ 발해 멸망	㉡ 후고구려 건국
㉢ 신라멸망	㉣ 후백제 멸망
㉤ 고려건국	

① ㉠㉡㉢㉣㉤   ② ㉠㉡㉣㉢㉤
③ ㉡㉤㉠㉢㉣   ④ ㉡㉤㉢㉠㉣

19. 다음 글과 관련 있는 민란은?

"이미 우리 시골(소)의 격을 올려서 현으로 삼고, 또 수령을 두어 그로써 안무하였는데, 돌이켜 다시 군사를 내어서 토벌하여 내 어머니와 처를 잡아들여 얽어매니 그 뜻이 어디에 있는가…… 반드시 왕경에 이른 뒤에야 그칠 것이다."

① 조위총의 난   ② 최광수의 난
③ 효심의 난   ④ 망이 · 망소이의 난

20. 다음과 같은 세제개혁이 보여 주는 공통점으로 옳은 것은?

- 공납으로 내던 특산물을 미 · 포 · 전으로 내게 하되 1결에 12두씩 거뒀다.
- 1년에 2필씩 내던 군포를 1년에 1필로 줄이고, 그 대신에 1결당 2두씩 내게 하며, 양반층에게도 선무군관포 1필을 내게 하고, 궁방의 재정수입이었던 어 · 염 · 선세를 균역청 수입으로 충당하였다.

① 지대의 금납화
② 조세의 전세화
③ 은 본위제의 확립
④ 부역 노동의 고용화

21. 다음은 어떤 목적을 가지고 추진된 정책인가?

| • 진대법 | • 상평창 |
| • 제위보 | • 균역법 |

① 정치기강의 확립
② 지방풍속의 교정
③ 농민생활의 안정
④ 재정규모의 증대

22. 다음에서 설명하는 신라의 제도는?

- 씨족사회의 전통을 발전시켰다.
- 사회적 대립과 갈등을 조절하였다.
- 민간문화의 수준을 한층 높였다.
- 계급간의 대립과 갈등을 완화하였다.

① 화랑도   ② 골품제
③ 화백제   ④ 집사부

23. 다음은 의상대사가 지은 「화랑일승법계도」의 일부이다. 이를 통해 의상의 화엄사상이 신라 사회에 미친 영향은 무엇인가?

하나 안에 일체가 있고, 다양한 현상 안에 하나가 있으며, 하나는 곧 일체요, 다양한 현상이 곧 하나이다. 한 작은 티끌 속에 우주만물을 머금고, 일체의 티끌 속에 또한 이와 같다.

① 불교의 대중화
② 전제왕권의 강화
③ 호족세력의 성장
④ 선종의 유행

24. 다음 내용과 관련된 문화재 연결이 옳지 않은 것은?

> ㉠ 석재를 벽돌 모양으로 만들어 쌓았다.
> ㉡ 불국토의 이상을 조화와 균형감각으로 표현하였다.
> ㉢ 통일신라의 뛰어난 조경술을 나타내고 있다.
> ㉣ 고구려 남진정책의 기상이 엿보인다.

① ㉠ 분황사탑
② ㉡ 불국사
③ ㉢ 안압지
④ ㉣ 황룡사

25. 세종 7년 2월 2일, 왕이 예조를 통해 각 도에 공문을 보내 다음의 내용을 조사하여 춘추관으로 보내도록 지시하였다. 이러한 지시사항들을 토대로 편찬되었으리라고 추정되는 것은?

> • 여러 섬의 수륙교통의 원근과 인물 및 농토의 유무
> • 영(營), 진(鎭)을 설치한 곳과 군정(軍丁), 전함(戰艦)의 수
> • 온천, 얼음굴, 동굴, 염전(소금밭), 철광, 목장, 양마의 유무
> • 각 도·읍의 역대 명칭과 연혁, 주·부·군·현·향·소·부곡의 설치와 이합에 관한 사실

① 택리지
② 동국여지승람
③ 조선방역지도
④ 동국지리지

26. 다음의 사서들이 갖는 공통점으로 옳은 것은?

> • 동사강목
> • 해동역사
> • 연려실기술

① 실증적인 연구를 바탕으로 서술하였다.
② 고조선부터 조선시대까지 저술하였다.
③ 존화주의적 역사인식을 토대로 서술하였다.
④ 조선 왕조 개창에 대한 정당성을 부여하는 입장에서 편찬되었다.

27. 임오군란에 대한 글을 읽고 그 성격을 말한 것 중 옳지 않은 것은?

> 임오군란은 민씨정권이 일본인 교관을 채용하여 훈련시킨 신식 군대인 별기군을 우대하고, 구식군대를 차별대우한 데 대한 불만에서 폭발하였다. 구식군인들은 대원군에게 도움을 청하고, 정부고관의 집을 습격하여 파괴하는 한편, 일본인 교관을 죽이고 일본 공사관을 습격하였다. 뿐만 아니라 도시빈민들이 합세한 가운데 민씨정권의 고관을 처단한 뒤 군란을 피해 달아나는 일본 공사 일행을 인천까지 추격하였다. 임오군란은 대원군의 재집권으로 일단 진정되었으나, 이로 인하여 조선을 둘러싼 청·일 양국의 새로운 움직임을 초래하였다.

① 친청운동
② 반일운동
③ 대원군 지지운동
④ 개화반대운동

28. 3·1운동을 일으키게 된 시대적 배경이 될 수 없는 것은?

① 동경 유학생들의 2·8선언
② 중화민국의 대일본 선전포고
③ 해외에서의 항일민족운동
④ 윌슨 미국 대통령의 민족자결주의

29. 1930년대 일제의 식민지 경제정책에 해당되는 것은?

① 산미증식계획 수립
② 군수공업화 정책
③ 화폐정리사업 실시
④ 쌀 공출과 배급제도 시행

30. 다음과 같은 성격을 지니고 있었던 한말의 종교는?

> 나철·오기호가 창시하였으며 보수적 성격을 지니고 있었으나, 민족적 입장을 강조하는 종교활동을 벌였고, 특히 간도·연해주 등지에서 항일운동과 밀접한 관련을 가지면서 성장하였다.

① 천주교   ② 대종교
③ 동학   ④ 불교

31. 이세돌 9단의 은퇴 기념 대국에서 상대가 된 AI는?

① 알파고   ② 한돌

③ 릴라   ④ 절예

32. 2018년 통계청 조사에 따르면 우리나라의 합계출산율은 0.977 명으로 경제협력개발기구(OECD) 국가 중 가장 오랫동안 초(超)저출산 상태가 지속되고 있는 것으로 나타났다. 통상적으로 '초(超)저출산 상태'란 합계출산율이 몇 명 이하인 경우를 의미하는가?

① 2.0명   ② 1.7명

③ 1.5명   ④ 1.3명

33. 최근 국제유가의 가파른 하락 등으로 2019년 8월 우리나라의 소비자물가(CPI)상승률이 최저치를 기록했다. 중국, 싱가포르, 태국, 필리핀, 대만, 홍콩 등 아시아 신흥국에서 전반적으로 나타나고 있는 현상으로 물가는 오르고 있지만 물가 상승률이 둔화되는 현상을 이르는 말은?

① 디플레이션

② 인플레이션

③ 디스인플레이션

④ 스태그플레이션

34. 다음 상황에서 A를 가리키는 용어는?

> 대기업을 다니다 은퇴한 67세 A씨는 퇴직금을 투자해 분양받은 상가에서 매월 200만 원의 월세를 받고 있다. 또한 국민연금으로 약 80만 원에 가까운 금액을 수령하고 있어 자신이 원하는 것을 하기 위해 돈과 시간을 충분히 투자하며 여가를 즐긴다.

① 다이아몬드 세대

② 진주 세대

③ 루비 세대

④ 오팔 세대

35. 다음 상황과 관련된 용어는?

> • 한 사람을 채팅방에 초대해서 단체로 욕설을 내뱉는 '떼카'
> • 채팅방에서 나가려는 사람을 계속 초대하는 '카톡 감옥'
> • 채팅방에 초대한 다음에 혼자 남겨두는 '방폭'
> • 다른 학생의 와이파이 데이터를 빼앗는 '와이파이 셔틀'

① 사이버배팅

② 사이버불링

③ 사이버스쿼팅

④ 사이버리즘

36. 수성 탐사선인 베피콜롬보 개발과 관계 있는 두 지역은?

① 미국, 일본

② 미국, 중국

③ 일본, 유럽

④ 유럽, 캐나다

37. 2011년 이집트 시민혁명 이후 첫 민선 대통령을 지낸 인물로, 집권 1년 만인 2013년 7월 압델 파타 엘시시 현 대통령의 군부 쿠데타로 실각했다. 이후 폭력 시위 선동 및 간첩 혐의로 45년형을 선고 받고 6년 째 수감 중이던 2019년 6월 법정에서 증언 도중 심장마비로 사망한 이 사람은?

① 무하마르 카다피

② 무함마드 무르시

③ 호스니 무바라크

④ 마무드 메키

38. 2022년 FIFA 월드컵 개최국은?

① 레바논

② 카타르

③ 바레인

④ 이라크

39. 다음 중 모기가 매개충이 되어 옮기는 질병이 아닌 것은?

① 지카바이러스 감염증

② 일본뇌염

③ 뎅기열

④ 크론병

40. 다음 빈칸에 들어갈 숫자를 모두 더한 값은?

- 중성이란 산성도 염기성도 나타내지 않는다는 뜻으로 수용액에 대해서는 pH가 (　)인 경우를 가리킨다.
- 경칩은 24절기 중 (　) 번째 절기이다.
- 테니스 경기에서 '러브'는 (　)점을 말한다.

① 10 　　　　　　② 11

③ 12 　　　　　　④ 13

41. 혈액 속 성분 중 가장 많은 비중을 차지하는 물질은?

① 적혈구

② 백혈구

③ 혈장

④ 혈소판

42. 다음 사례에 해당하는 용어는?

- 2001년 아프가니스탄의 탈레반 정권이 바미안(bamiyaan) 석불을 파괴
- 2015년 이슬람국가가 이라크의 모술과 시리아의 팔미라 등에서 메소포타미아의 고대 유적들을 파괴

① 반달리즘 　　　　② 쇼비니즘

③ 엘리티즘 　　　　④ 다다이즘

43. SM엔터네인먼트에서 미국 시장에 데뷔시킨 아이돌그룹 슈퍼엠(SuperM)이 음반과 함께 티셔츠 등의 굿즈를 묶어서 판매해 음반 판매량을 늘리는 문제로 지적을 받았다. 이처럼 여러 가지 제품을 하나로 묶어서 단일 가격에 판매하는 것을 일컫는 용어는?

① 스키밍프라이싱

② 번들링

③ 버저닝

④ 핸들링

44. 중동의 이란, 이라크, 시리아, 레바논으로 이어지는 이슬람 시아파 국가의 동맹전선을 일컫는 용어는?

① 블루 벨트

② 해안선 벨트

③ 초승달 벨트

④ 산타클로스 벨트

45. 다음 중 2019년 11월 서울시가 발표한 '미세먼지 시즌제'의 내용이 아닌 것은?

① 녹색교통지역 3등급 제한

② 공공기관 차량 2부제

③ 시영 주차장 요금 할증

④ 에코마일리지 특별 포인트

46. '애그테크'는 첨단기술과 무엇을 융합한 것인가?

① 광고 　　　　　　② 체육

③ 의술 　　　　　　④ 농업

47. 기업들이 정규직보다 필요에 따라 계약직 혹은 임시직으로 사람을 고용하는 경향이 커지는 경제상황을 일컫는 용어는?

① 긱 경제 　　　　② 구독 경제

③ 공유 경제 　　　④ 창조 경제

48. 일본군 '위안부' 피해자 기림의 날은 언제인가?

① 3월 2일

② 7월 16일

③ 8월 14일

④ 10월 8일

49. 우리나라 드라마 촬영 현장의 열악한 노동 환경을 일컫는 용어는?

① 클로즈 노동

② 디졸브 노동

③ 페이드 노동

④ 줌 인 노동

50. 다음에 설명하고 있는 인력배치의 원칙은?

> 개인에게 능력을 발휘할 수 있는 기회와 장소를 부여하고 그 성과를 바르게 평가하며 평가된 능력과 실적에 대해 그에 상응하는 보상을 주는 원칙

① 적재적소주의

② 능력주의

③ 균형주의

④ 개인주의

부산교통공사

일반상식

	영 역	일반상식
제 4 회	문항수	50문항
	시 간	50분
	비 고	객관식 4지선다형

SEOWONGAK

(주)서원각

제4회 기출동형 모의고사

1. 다음 중 분석의 방법으로 글을 쓰기에 알맞은 것은?

① 지역 신문 제작
② 겨울 해수욕장의 풍경
③ 우리 마을 친우회의 조직
④ 설날 행해지는 민속 놀이의 종류

2. 다음의 설명과 관계 있는 언어의 일반성은?

> 우리말은 일반적으로 '주어 + 목적어 + 서술어'의 어순을 가진다.

① 언어의 역사성
② 언어의 창조성
③ 언어의 규칙성
④ 언어의 자의성

3. 다음 중 구개음화와 관계없는 것은?

① 겉이
② 잔디
③ 미닫이
④ 가을걷이

4. 다음 중 파생어끼리 짝지어진 것은?

① 주검 – 검붉다
② 덧버선 – 모가지
③ 밥물 – 선생님
④ 시나브로 – 풋과일

5. 다음 중 관용어가 쓰인 문장이 아닌 것은?

① 눈에 불을 켜고 돈을 모았다.
② 악수를 하기 위해 손을 내밀었다.
③ 오늘 내가 너의 콧대를 꺾어 주겠다.
④ 겨울 방학이 오기를 목이 빠지게 기다렸다.

6. 다음 중 의미에 모호성이 없는 문장은?

① 나는 영철이를 때리지 않았다.
② 청중이 다 참석하지 않았다.
③ 철수는 영수와 닮았다.
④ 내가 사랑하는 영희의 동생 순이를 만났다.

7. 다음 중 표기가 바르지 않은 것은?

① 상추
② 아무튼
③ 비로서
④ 부리나케

8. 다음 중 표준 발음이 아닌 것은?

① 금융[금늉]
② 송별연[송: 별련]
③ 상견례[상견녜]
④ 광한루[광: 할루]

9. 다음 설명과 관계 있는 작품은?

> 이 작품은 식민지 체제 아래에서 한 집안이 어떻게 몰락하고, 당대의 청년들이 어떤 의식을 지녔는가를 사실적으로 파헤친 작품이다. 이를 통해 독자들은 사회적 변동 속에서 세대교체의 실상을 분명하게 느낄 수 있다.

① 김동인의 「감자」
② 염상섭의 「삼대」
③ 윤흥길의 「장마」
④ 주요섭의 「사랑 손님과 어머니」

10. 다음 중 훈민정음으로 쓰인 최초의 작품은?

① 두시언해　　　　　② 소학언해
③ 용비어천가　　　　④ 월인천강지곡

11. 다음 중 어머니의 지극한 사랑을 칭송하고 있는 일명 '엇노리'라고 하는 고려 가요는?

① 사모곡　　　　　　② 정석가
③ 정읍사　　　　　　④ 청산별곡

12. 다음 중 판소리계 소설이 아닌 것은?

① 흥부전　　　　　　② 장끼전
③ 배비장전　　　　　④ 허생전

13. 다음 중 1920년대 프로 문학과 맞서 민족주의를 대변한 문예지는?

① 창조　　　　　　　② 폐허
③ 문장　　　　　　　④ 조선 문단

14. 다음 (　) 안에 알맞은 한자는?

국장으로부터 決(　)를 받았다.

① 載　　　　　　　　② 裁
③ 濟　　　　　　　　④ 栽

15. 다음 한자 성어의 풀이가 바르게 된 것은?

① 吾鼻三尺 – 같은 값이면 다홍치마
② 群鷄一鶴 – 아무리 기다려도 성공할 수 없다는 말
③ 矯枉過直 – 누구를 원망하거나 누구를 탓할 수 없음
④ 南柯一夢 – 꿈과 같이 헛된 한때의 부귀영화를 이르는 말

16. 다음의 설명과 관계가 깊은 것은?

• 단군신화의 곰과 호랑이　　• 박혁거세의 말 • 석탈해의 까치　　　　　　• 김알지의 닭

① 애니미즘　　　　　② 샤머니즘
③ 토테미즘　　　　　④ 조상숭배

17. 삼국의 정치조직에서 같은 성격을 띤 것끼리 바르게 연결하지 못한 것은?

구분	고구려	백제	신라
① 지방장관	욕살	방령	군주
② 수상	대대로	상좌평	대아찬
③ 특별행정구역	3경	22담로	2소경
④ 회의기구	제가회의	정사암회의	화백회의

18. 다음 통일신라 지방통치제도의 시행 목적으로 옳은 것은?

외사정, 9주 5소경, 상수리제도

① 백제와 고구려의 유민통합
② 지방 통치의 강화
③ 지방 군사력의 강화
④ 지방 토착세력의 통합

19. 임진왜란 이전에 수립된 조선왕조의 국방체제로서 지역의 군대를 한 곳에 집결시켜, 집결된 군대를 중앙에서 파견된 장수가 지휘하는 국방체제의 명칭은 무엇인가?

① 영진체제
② 속오군체제
③ 제승방략체제
④ 진관체제

20. 다음과 같은 생활을 한 사람들의 경제적 기반이 되는 것으로 옳지 않은 것은?

재상가에는 녹(祿)이 끊이지 않았다. 노예가 3천명이고 비슷한 수의 호위군사(갑병)와 소, 말, 돼지가 있었다. 바다 가운데 섬에서 가축을 길러 필요할 때 활로 쏘아서 잡아먹었다. 곡식을 꾸어서 갚지 못하면 노비로 삼았다.

　　　　　　　　　　　　　　　　　　　　 – 신당서 –

① 녹봉　　　　　　　　　② 녹읍
③ 식읍　　　　　　　　　④ 정전

21. 조선시대 군역제도의 변천과정에서 (　　) 안의 제도로 군정의 수는 크게 늘어났으나, 결과적으로 방군수포제를 초래하였다. (　　) 안에 알맞은 말과 그로 인해 나타난 군역체제의 변화로 옳은 것은?

봉족제 → (　　) → 방군수포제

① 균역법 – 군역의 전세화
② 보법 – 군역의 요역화
③ 진관체제 – 농병일치의 동요
④ 군적수포제 – 용병제의 도입

22. 다음의 내용과 관련된 것으로만 묶인 것은?

• 씨족사회의 전통을 계승·발전시켰다.
• 세력간, 계급간의 대립을 조절시키는 기능을 하였다.

① 집사부, 선종　　　　　② 화백, 화랑도
③ 화랑도, 선종　　　　　④ 화백, 집사부

23. 다음의 내용에 해당하는 사상으로 알맞은 것은?

• 조선 왕조의 한양천도를 합리화시켜 주었다.
• 묘청의 서경천도운동의 사상적 배경이 되었다.
• 신라말에 수입되어 신라 정부의 권위를 약화시켰다.

① 도교　　　　　　　　　② 풍수지리설
③ 선종　　　　　　　　　④ 노장사상

24. 다음의 정토신앙과 관련이 있는 유물·유적으로 옳은 것은?

통일신라시대에 불교는 철학체계를 갖추면서 논리적으로 발달해감과 동시에 대중불교로 나아가고 있었는데, 불교를 대중화시키는 데에는 정토신앙이 크게 작용하였다. 당시의 정토신앙으로는 죽고 난 후 극락세계에 왕생하기를 비는 것이 있었는가 하면, 이와는 달리 산몸으로 극락세계에 왕생하기를 바라는 것도 있어 서민들에게 크게 환영을 받았다.

① 석가탑
② 불국사
③ 성덕대왕신종
④ 부석사 소조 아미타여래 좌상

25. 조선시대 의궤(儀軌)에 관한 설명으로 옳지 않은 것은?

① 현재 남아있는 의궤는 모두 18세기 이후에 만들어진 것이다.
② 국가나 왕실에서 거행한 주요 행사를 기록과 그림으로 남긴 책이다.
③ 강화도 외규장각에 보관되어 있던 의궤들은 병인양요 때에 프랑스군에 의해 약탈당하였다.
④ 「화성성역의궤」는 화성의 성곽을 축조한 공사에 관한 내용을 기록한 것이다.

26. 조선후기의 음악에 대하여 비판한 글이다. 당시 이런 경향이 사회 전반에 나타난 배경은 무엇인가?

지금 세속의 음악은 모두 음란하고 곡조가 슬프고 낮아 바르지 못한 음악이지만, 이것을 연주할 때는 관장이 아전을 용서해주고 가장이 종들을 용서해준다.

① 북벌론의 대두
② 서학의 전래
③ 서민문화의 대두
④ 소중화 의식의 심화

27. 다음 중 조약과 그에 대한 설명이 옳은 것은?

① 가쓰라·태프트밀약 - 영국과 일본간에 영국은 일본, 일본은 대한제국의 침략을 묵인하였다.

② 포츠머스조약 - 러시아가 한반도 문제에 개입하는 것을 일본이 허락하였다.

③ 한·일의정서 - 이후 스티븐스와 메가다가 고문정치를 하게 되었다.

④ 을사조약 - 외교권 박탈을 위해 일제가 강제로 조약을 체결하였다.

28. 1972년 7·4남북공동성명에서 남북이 합의한 평화통일 3대 기본원칙이 아닌 것은?

① 자주통일   ② 평화통일

③ 연방제 통일   ④ 민족적 통일

29. 다음과 같은 열강의 경제침탈에 대응하여 일어난 우리의 저항운동은?

> 일본은 우리 정부로 하여금 차관을 도입하게 하는 한편, 화폐정리업무까지 담당하여 대한제국의 금융을 장악하였다.

① 방곡령 선포   ② 만민공동회 개최

③ 상회사의 설립   ④ 국채보상운동 전개

30. 다음은 어떤 단체의 활동에 대한 판결문이다. 어느 단체를 말하는 것인가?

> 이 단체는 1919년 만세소요사건(3·1운동)의 실패에 비추어 조선의 독립을 장래에 기하기 위하여 문화운동에 의한 민족정신의 환기와 실력양성을 급무로 삼아서 대두된 실력양성운동이 출발점이었고, 그 뒤 1931년 이후에는 피고인 이극로를 중심으로 하는 어문운동을 벌여 조선의 독립을 목적한 실력양성단체를 조직하였다.

① 신간회   ② 조선청년총동맹

③ 조선어학회   ④ 조선물산장려회

31. 2018년 11월 데이터산업 활성화를 위해 발의한 '빅데이터 경제 3법' 개정안이 2020년 1월 9일 국회를 통과했다. 다음 중 빅데이터 경제3법을 모두 고르면?

> ⊙ 개인정보 보호법
> ⓒ 신용정보의 이용 및 보호에 관한 법률
> ⓒ 정보통신망 이용촉진 및 정보보호 등에 관한 법률
> ⓔ 공공기관의 정보공개에 관한 법률
> ⓜ 공간정보산업 진흥법

① ⊙, ⓒ, ⓒ

② ⊙, ⓒ, ⓔ

② ⊙, ⓒ, ⓜ

④ ⓒ, ⓒ, ⓔ

32. 앱을 다운받은 고객이 매장으로 들어오면 고주파음역대 파장으로 앱이 자동 실행돼 스마트폰으로 상품을 소개하는 전단지, 영수증, 할인쿠폰 등을 전송받을 수 있는 위치기반 서비스처럼 소비자가 온라인, 오프라인, 모바일 등 다양한 경로를 넘나들며 상품을 검색하고 구매할 수 있도록 한 서비스를 말하는 용어는?

① 쇼루밍

② 클러스터

③ 셀렉트숍

④ 옴니채널

33. 음력으로 한 해의 마지막 날을 일컫는 용어를 맞춤법에 맞게 바르게 쓴 것은?

① 섣달그뭄   ② 섣달그믐

③ 섯달그뭄   ④ 섯달그믐

34. 어니스트 헤밍웨이의 소설 『노인과 바다』에서 노인이 잡으려고 했던 물고기의 종류는?

① 참다랑어   ② 백상아리

③ 철갑상어   ④ 녹새치

35. 얼리힐링(early healing)족의 특징으로 볼 수 없는 것은?

① 자신의 취미를 적극적으로 찾아 나선다.

② 30대부터 건강관리를 시작한다.

③ 이른 나이에 결혼을 한다.

④ 꾸준히 자기계발을 한다.

36. 다음 설명에 해당하는 것은?

- 대기 및 해양 환경 관측장비 탑재
- 세계 최초 정지궤도 미세먼지 · 적조 관측
- 동아시아 대기오염 물질 발생 및 이동, 적조 · 녹조 등 해양 환경 실시간 감시

① 천리안 2A호

② 천리안 2B호

③ 우리별 1호

④ 우리별 2호

37. 다음 빈칸에 들어갈 적절한 용어는?

자신만의 아이디어를 활용해 기성 제품을 새로운 방식으로 창조해 내는 (   )들의 시대가 도래했다. 특히 식품업계에서 이러한 소비자들의 레시피가 신제품 출시 트렌드와 시장 판도에 큰 영향을 미치고 있다. 한 예능 프로그램에서 등장해 유행했던 "짜파구리(짜파게티 + 너구리)" 역시 이와 같은 맥락이라고 할 수 있다.

① 메디슈머   ② 프로슈머

③ 폴리슈머   ④ 모디슈머

38. 화려하고 자극적인 것에 질린 사람들이 평범한 것에서 매력을 찾으면서 등장한 신조어는?

① 욜로   ② ASMR

③ 탕진잼   ④ 노멀크러시

39. 다음에서 설명하는 효과로 적절한 것은?

물건 구매에 망설이던 소비자가 남들이 구매하기 시작하면 자신도 그에 자극돼 덩달아 구매를 결심하는 것을 비유한 현상이다.

① 펭귄 효과   ② 악어 효과

③ 판다 효과   ④ 제비 효과

40. '싱크탱크'의 특징으로 가장 거리가 먼 것은?

① 단기적 전망의 정책 지향

② 이분야(異分野) 연구

③ 시스템 분석 및 경영과학

④ 컴퓨터 활용

41. 전 세계 시간의 기준이 되는 본초자오선이 지나는 그리니치 천문대가 위치한 도시는?

① 파리   ② 베를린

③ 런던   ④ 로마

42. 대출을 받아 무리하게 장만한 집 때문에 빚에 허덕이는 사람들을 이르는 말은?

① 렌트 푸어   ② 하우스 푸어

③ 워킹 푸어   ④ 실버 푸어

43. 불특정 다수가 대상인 매스(Mass) 마케팅의 반대 개념으로, 타깃층을 정교하게 세분화해 필요한 곳만 정조준하는 마케팅 기법을 일컫는 것은?

① 언택트 마케팅

② 핀셋 마케팅

③ 리테일 마케팅

④ 마이크로 마케팅

44. Uber, Airbnb, WeWork 등 100억 달러 규모의 스타트기업을 일컫는 용어는?

① 유니콘기업　　　　　② 데카콘기업
③ 헤드콘기업　　　　　④ 틴업콘기업

45. '공익을 위하여'라는 라틴어 줄임말로 미국에서 소외 계층을 위해 무료 변론을 하는 변호사를 일컫는 말로 쓰이면서 대중화된 개념은?

① 애드호크(ad hoc)
② 페르소나 논 그라타(persona non grata)
③ 프로보노(probono)
④ 마니페스투스(Manifestus)

46. 다음이 설명하는 것은 무엇인가?

> 과열 경쟁과 과도한 업무에 시달리는 직장인들에게 주로 나타나는 증상으로 반복되는 업무와 스트레스 속에서 몸과 마음이 힘들어지고 극도의 피로가 쌓이면 찾아오는 질병이다. 이는 우울증이나 자기혐오, 심리적 회피와 같은 증상을 동반하며 심할 경우 수면장애를 유발해 건강에 치명적인 영향을 줄 수 있다.

① 심열(心熱)
② 번아웃증후군
③ 일반 적응 증후군
④ 대사증후군

47. 다음 괄호 안에 들어갈 숫자로 적절한 것은?

> 초신성 폭발은 태양의 (　　)배 이상 되는 질량을 가진 거성이 연료를 모두 소진한 뒤 폭발로 별의 생을 끝내는 현상을 말한다. 여기에 초신성이란 망원경이 없던 시대 갑자기 밝은 별이 나타났기에 붙은 이름으로, 사실은 늙은 별의 종말이라고 할 수 있다.

① 2배　　　　　② 5배
③ 8배　　　　　④ 10배

48. 정부의 제로웨이스트 정책에 대한 설명으로 옳지 않은 것은?

① 환경부는 2022년까지 1회용품 사용량을 35% 이상 줄이는 등 '1회용품 함께 줄이기 계획'을 발표했다.
② 식품접객업소의 경우 자발적 협약을 통해 종이컵과 빨대 사용을 감량한다는 방침이며 2021년부터는 포장·배달음식에 제공하던 1회용 숟가락 및 젓가락 등의 무상제공이 금지된다.
③ 세척시설을 갖춘 장례식장은 2021년부터 세척이 쉬운 컵·식기부터 1회용품 사용이 금지되며 접시·용기 등으로 범위가 점차 확대될 예정이다.
④ 배송용 포장재 문제를 해소하기 위해 정기적으로 같은 곳에 배송되는 경우 당일 배송되어 위생문제가 없는 범위에서 2022년까지 재사용 상자 대신 스티로폼 상자를 이용하는 사업을 추진한다.

49. 1996년 러시아 남부 다게스탄공화국 키즐랴르를 기습한 체첸 반군을 일컫는 말이었으나, 1990년대 중반 미국의 극우 인종주의자 앨릭스 커티스에 의해 '자생적 테러리스트'라는 의미로 변화된 용어는?

① 악시옹 디렉트
② 빛나는 길
③ 외로운 늑대
④ 붉은 여단

50. 시민들의 자발적인 모금이나 기부, 증여를 통해 보존가치가 있는 자연자원 및 문화자산을 보전 관리하는 시민환경운동을 뜻하는 용어는?

① 넵튠계획
② 시빅트러스트
③ 내셔널트러스트
④ 시민환경연합

서 원 각

www.goseowon.com

부산교통공사

일반상식

	영 역	일반상식
제 5 회	문항수	50문항
	시 간	50분
	비 고	객관식 4지선다형

SEOWONGAK
(주)서원각

제5회 기출동형 모의고사

문항수 : 50문항
시 간 : 50분

1. ㉠, ㉡에 알맞은 독서 방법을 바르게 말한 것은?

독서를 효과적으로 하기 위해서 독자는 독서 목표를 분명히 세워야 한다. ㉠세부 내용을 파악하기 위한 독서와 ㉡중심 내용을 파악하기 위한 독서가 같을 수 없고, 객관식 시험에 대비하기 위한 독서와 주관식 시험에 대비하기 위한 독서가 같을 수도 없다.

① ㉠ 통독, ㉡ 다독
② ㉠ 속독, ㉡ 묵독
③ ㉠ 정독, ㉡ 통독
④ ㉠ 다독, ㉡ 정독

2. 다음 중 밑줄 친 외래어의 순화가 바르게 이루어지지 않은 것은?

① 대한민국 선수단의 골드러시가 계속 이어졌다. → 금메달 행진
② 그대로 진행하기에는 리스크가 너무 크다. → 위험
③ 그 영화는 3주간 박스오피스 정상을 차지하고 있다. → 흥행수익
④ 남산타워는 서울시의 랜드마크이다. → 자랑거리

3. 다음 중 표준어로 인정되는 모음 동화는?

① 손잡이 　　　　② 호랭이
③ 가재미 　　　　④ 냄비

4. 다음 중 높임 표현이 어색한 것은?

① 할머니는 귀가 밝으십니다.
② 아버지께서 출장을 가셨습니다.
③ 철수야, 할아버지께서 오시래.
④ 할아버지께서 진지를 잡수십니다.

5. 다음 중 중의성을 띠지 않은 문장은?

① 키가 큰 형의 친구가 왔다.
② 나는 형과 아우를 찾아 나섰다.
③ 아름다운 고향의 하늘을 생각한다.
④ 철수는 노란 옷을 입은 여자를 불렀다.

6. 다음 중 제시된 문장의 밑줄 친 부분과 다른 의미로 쓰인 것은?

반죽을 공기 중에 장시간 노출하면 굳어버린다.

① 밥이 딱딱하게 굳어서 못 먹겠다.
② 시멘트가 굳지 않았으니 밟지 마시오.
③ 오늘 점심값은 굳었다.
④ 비 온 뒤에 땅이 굳어진다.

7. 다음 중 표준어가 아닌 것은?

① 으레 　　　　② 쌍둥이
③ 사글세 　　　　④ 아지랭이

8. 다음 중 맞춤법에 어긋나는 것은?

① 깨끗이 　　　　② 고요이
③ 딱히 　　　　④ 과감히

9. 다음 중 시나리오에서 쓰이는 용어가 잘못된 것은?

① O.L. - 두 가지의 화면이 겹쳐지는 것
② PAN - 카메라를 상하 좌우로 이동하는 것
③ F.O. - 어두운 화면이 점점 밝아지는 것
④ C.U. - 어떤 인물이나 장면을 크게 확대하여 찍는 것

1

10. 다음 중 국문학의 기원을 알 수 있는 제천 의식(祭天儀式)을 기록하고 있는 가장 오래된 문헌은?

① 삼국사기   ② 삼국유사

③ 시용향악보   ④ 위지 동이전

11. 다음 중 「가시리」의 후렴구는?

① 위 덩더둥셩

② 아으 동동(動動)다리

③ 위 증즐가 대평성대(大平盛大)

④ 얄리얄리 얄라셩 얄라리 얄라

12. 다음 중 고소설을 신소설화한 작품으로 잘못 연결된 것은?

① 흥부전 → 연의각

② 춘향전 → 옥중화

③ 소양정 → 소양정기

④ 별주부전 → 토의 간

13. 다음 중 같은 문학사적 업적을 이룬 작가는?

- 결정론에 의거한 자연주의 문학을 도입
- 최초의 문예동인지 〈창조〉를 간행
- 완전한 언문일치와 개성적인 문체 확립

① 이광수   ② 염상섭

③ 김동인   ④ 이인직

14. 다음 중 '掠奪'을 바르게 읽은 것은?

① 격분   ② 경략

③ 수탈   ④ 약탈

15. 다음 사자성어와 관련 있는 속담으로 바른 것은?

桑田碧海

① 가마 밑이 노구솥 밑을 검다 한다.

② 십 년이면 강산도 변한다.

③ 사공이 많으면 배가 산으로 간다.

④ 하나를 듣고 열을 안다

16. 다음 중 다른 유물과 시기가 다른 유물은?

① 반달돌칼

② 명도전

③ 거푸집

④ 바퀴날도끼

17. 다음 비석들에서 공통적으로 해당되는 사실은?

중원고구려비, 단양적성비

① 한강 유역의 확보

② 외세의 침입

③ 농업의 발달

④ 활발한 문화교류

18. 다음 중 태조 왕건의 정책으로 옳은 것을 모두 고르면?

㉠ 기인제도	㉡ 사심관제도
㉢ 정략결혼정책	㉣ 공복제도
㉤ 과거제도	

① ㉠㉡㉢   ② ㉠㉢㉤

③ ㉡㉢㉣   ④ ㉢㉣㉤

19. 다음의 기관들이 수행한 공통적인 기능은?

- 어사대
- 중정대
- 사헌부

① 관리의 부정방지와 기강확립
② 국왕과 신하 사이의 권력조화
③ 지방세력의 통제강화
④ 국방강화와 군무협의

20. 다음과 같은 조선시대의 제도와 관련이 없는 것은?

이 제도의 전국적 실시에는 100년이라는 기간이 소요되었다. 이 제도로 과세기준이 종전의 가호에서 토지의 결 수로 바뀌어 농민들은 1결당 쌀 12두만을 납부하면 되었다.

① 조세의 금납화
② 호포론
③ 상업자본의 발달
④ 선혜청

21. 다음 글의 ( ) 안에 들어갈 내용이 바르게 짝지어진 것은?

( )은(는) 과거와 ( )를(을) 통하여 관직을 독점하고, 정치권력을 장악하였다. 또한 관직에 따라 과전을 받고, ( ) 및 사전의 혜택을 받은데다가, 권력을 이용하여 불법적으로 개인이나 국가의 토지를 겸병하였다.

① 문벌귀족 − 음서 − 공음전
② 무신 − 음서 − 과거
③ 권문세족 − 공음전 − 음서
④ 신진사대부 − 공음 − 음서

22. 다음 내용과 관련이 있는 유적은 무엇인가?

- 도굴당하지 않고 완전한 형태로 발굴되었다.
- 무덤의 주인공을 알려 주는 지석이 발견되었다.
- 중국 남조의 영향을 받아 연꽃 등 우아하고 화려한 무늬를 새긴 벽돌로 무덤 내부를 쌓았다.

① 무령왕릉
② 강서대묘
③ 천마총
④ 장군총

23. 다음과 관련된 사실 중 옳은 것은?

- 초조대장경 조판
- 신편제종교장총록 작성
- 팔만대장경 조판

① 정권의 정통성 강조
② 신앙결사운동의 전개
③ 유교와 불교의 절충
④ 불력에 의한 국가수호

24. 다음 중 조선시대의 미술품과 그에 대한 설명이 바르게 연결된 것은?

① 몽유도원도 − 바위산은 선으로 묘사하고 흙산은 묵으로 묘사하는 새로운 기법을 사용하였다.
② 초충도 − 지배층의 부정과 부패를 벌레를 통해 묘사하였다.
③ 씨름도 − 강인한 정신과 굳센 농민의 기개를 표현하였다.
④ 고사관수도 − 간결하고 과감한 필치로 내면 세계를 표현하였다.

25. 다음의 농서와 저자가 옳지 않은 것은?

① 「색경」 − 이규경
② 「과농소초」 − 박지원
③ 「해동농서」 − 서호수
④ 「산림경제」 − 홍만선

26. 다음 중 그 연결이 바르지 못한 것은?

① 외세의존 − 개화당
② 외세배격 − 동학
③ 봉건체제 지속 − 동학
④ 봉건체제 약화 − 개화당

27. 다음 중 독립협회의 활동과 관련이 먼 것은?

① 의회식 중추원 설치

② 만민공동회 개최

③ 대한국국제 제정

④ 독립신문 간행

28. 다음을 바탕으로 정부가 추진한 시책을 바르게 추론한 것은?

> • 국민교육헌장을 선포하여 새로운 정신지표를 제시하였다.
> • 근면, 자조, 협동을 기본이념으로 새마을운동을 전개하였다.

① 복지사회의 건설

② 정의사회의 구현

③ 국민의식의 개혁

④ 소득격차의 완화

29. 다음의 글은 어느 사학자에 관한 설명인가?

> 대개 국교(國敎)·국학·국어·국문·국사는 혼(魂)에 속하는 것이요, 전곡·군대·성지(城池)·함선·기계 등은 백(魄)에 속하는 것이므로 혼의 됨됨은 백에 따라 죽고 사는 것이 아니다. 그러므로 국교와 국사가 망하지 않으면 그 나라도 망하지 않는 것이다.

① 신채호   ② 정인보

③ 박은식   ④ 백남운

30. 다음은 일제 치하의 어떤 역사가의 역사의식이다. 이 역사가의 한국사 연구와 상반된 경향의 역사서술을 주도하던 어용단체는?

> 옛 사람이 이르기를 "나라는 없어질 수 있으나 역사는 없어질 수 없다"고 하였으니, 그것은 나라의 형체이고, 역사는 정신이기 때문이다.
> 이제 한국의 형체는 허물어졌으나, 정신만이라도 오로지 남을 수 없는 것인가. 이것은 한국통사를 저술하는 까닭이다.

① 청구학회   ② 일진회

③ 신간회   ④ 대한자강회

31. 네팔의 히말라야 중부에 위치한 연봉(蓮峯)으로, 산스크리트어로 '수확의 여신'이라는 의미이다. 2020년 1월 한국인 교사 4명이 트래킹 도중 눈사태를 만나 실종된 곳은?

① 키나발루

② 알프스

③ 몽블랑

④ 안나푸르나

32. 제품 판매와 기부를 연결하는 마케팅으로 지구 온난화로 생존 환경을 위협받고 있는 북극곰을 돕자는 취지로 2011년 코카콜라가 시작한 캠페인, 미국 제약회사 헬프 레미디스가 반창고 신제품을 내 놓으면서 골수 기증 프로그램 가입서를 첨부한 캠페인이 대표적이다. 이처럼 기업의 경영 활동과 사회적 이슈를 연계시키는 마케팅으로, 기업과 소비자의 관계를 통해 기업이 추구하는 사익(私益)과 사회가 추구하는 공익(公益)을 동시에 얻는 게 목표인 것은?

① 크리슈머 마케팅

② 앰부시 마케팅

③ 바이럴 마케팅

④ 코즈 마케팅

33. 다음 빈칸에 들어갈 단어는 무엇인가?

> 2013년 유튜브 월간 조회 수가 10억 명을 돌파하자 영국의 파이낸셜타임스는 2013년 3월 21일 유튜브의 성공은 (   ) 덕분이라고 말했다. 이들은 매일 최우선적으로 유튜브에 머물고, 개별 동영상들을 마치 TV쇼를 보듯 즐기고, 나이가 아니라 '연결된 행동(Connected Behavior)'을 통해 하나가 되고, 관심과 흥미가 비슷한 사람들끼리 모이고 원하는 콘텐츠를 찾는 특성이 있는데, 이게 유튜브 성공의 연료가 됐다는 분석이다.

① C세대

② T세대

③ BYOD족

④ @세대

34. 다음 제시문을 읽고 빈칸에 들어갈 알맞은 용어를 고르면?

> 최근 20대 엄마가 자신의 아들에게 매일 치사량의 소금을 먹여 살해한 사건으로 세계가 경악을 했다. 아이의 엄마인 레이시 스피어스는 자신의 블로그와 페이스북 등의 SNS에 병든 아들 가넷을 돌보는 슬픈 사연을 담은 육아일기를 연재해 왔다. 투병중인 아들을 향한 절절한 모성이 미국 뿐 아니라 전 세계 네티즌의 마음을 울리며 위대한 모성으로 SNS에서 명성을 떨쳤고 그녀는 유명인사가 되었다.
> 그런데 결국 아이는 사망했고, 부검 결과는 충격적이다. 세상에 둘도 없는 착한 천사엄마로 알려져 있던 레이시 스피어스가 자신의 아들을 죽이기 위해 긴 시간동안 치사량의 소금을 음식에 섞어 먹여 왔던 것이다. 조사에 따르면 레이시는 일부러 병을 만들어 사람들의 관심을 끄는 정신병인 (   )이라고 한다. 이것은 신체적인 징후나 증상을 의도적·인위적으로 만들어 내서 다른 사람들로 하여금 자신에게 관심과 동정을 이끌어 내는 정신과적 질환이다.

① 사이코패스
② 뮌하우젠 증후군
③ 리플리 증후군
④ 바넘효과

35. 선거와 관련하여 이행 가능성을 가지고 구체적인 예산과 추진 일정을 갖춰 제시하는 공약을 지칭하는 용어는?

① 포퓰리즘
② 로그롤링
③ 매니페스토
④ 포크배럴

36. 경기 침체나 위기 이후 회복될 쯤 경기 부양을 위해 내놓았던 정책을 거둬들이며 경제에 미치는 영향을 최소화하는 전략적 경제 정책은 무엇인가?

① 출구전략
② 양적완화
③ 워크아웃
④ 세일 앤드 리스 백

37. 우리 사회에서 겉보기에는 남녀평등이 실현된 것처럼 보이지만 실제로는 여성 직장인들의 승진 최상한선이 있는 경우가 많다. 위를 보면 끝없이 올라 갈 수 있을 것처럼 보이지만 어느 정도 이상 높은 곳으로 올라 갈 수 없도록 막는다는 무형의 장벽을 무엇이라 하는가?

① 진입장벽
② 인종차별
③ 고원현상
④ 유리천장

38. 식품을 만드는 과정에서 생물학적, 화학적, 물리적 위해요인들이 발생할 수 있는 상황을 과학적으로 분석하고 사전에 위해요인의 발생여건들을 차단하여 소비자에게 안전하고 깨끗한 제품을 공급하기 위한 시스템적인 규정은?

① CGMP
② 이력추적제
③ FTA
④ HACCP

39. 스팸 검사에서 정상 이메일을 스팸으로 잘못 식별하는 것을 일컫는 용어는?

① 부정 오류
② 긍정 오류
③ 제1종 오류
④ 콩코드 오류

40. 오스카 와일드의 소설에서 유래한 것으로 나이가 들면서 자신이 늙어가는 것을 견디지 못하는 정신질환을 일컫는 말은?

① 리플리 증후군
② 스톡홀름 증후군
③ 도리안 그레이 증후군
④ 살리에리 증후군

41. 주가지수선물, 주가지수옵션, 개별주식옵션, 개별주식선물의 만기일이 겹치는 날로, 주식시장에 매물이 쏟아져 나와 투자 심리가 위축되고 어떤 변화가 일어날지 예측할 수 없어 혼란스럽다는 의미에서 파생된 이 용어는?

① 쿼드러플 위칭데이
② 트리플 위칭데이
③ 사이드 카
④ 서킷 브레이커

42. 다음 중 간접비용이 아닌 것은?

① 보험료

② 건물관리비

③ 광고비

④ 인건비

43. 일본에서 주창된 것으로 농사를 짓지만 농사에 올인하지 않고 반은 다른 일을 하며 사는 라이프스타일을 칭하는 용어는?

① 복세편살

② 소확행

③ 킨포크 라이프

④ 반농반X

44. 다음 설명에 해당하는 것은?

> 경기과열 또는 경기침체에 대응하는 정부의 시장개입이 섣부를 경우 발생하는 역효과를 경고하는 말

① 방 안의 코끼리

② 샤워실의 바보

③ 회색코뿔소

④ 검은 백조

45. 다음에서 설명하는 용어는 무엇인가?

> 각국은 자국에 상대적으로 풍부한 부존요소를 집약적으로 사용하는 재화생산에 비교우위가 있다. 즉, 노동풍부국은 노동집약재에 비교우위가 있고 자본풍부국은 자본집약재 생산에 비교우위가 있다.

① 헥셔-올린 정리

② 요소가격균등화 정리

③ 스톨퍼-사무엘슨 정리

④ 립진스키 정리

46. 디즈니가 소유한 스튜디오가 아닌 것은?

① 모션 픽처스

② 20세기 스튜디오

③ 소니 픽처스

④ 마블

47. 다음 중 유로화를 사용하지 않는 나라는?

① 벨기에

② 네덜란드

③ 헝가리

④ 핀란드

48. 본래 뜻과는 다르게 경제 분야에서는 작은 위기 요인들이 모여서 세계 경제가 동시에 위기에 빠져 대공황이 초래되는 상황으로 쓰인다. 이 용어는 무엇인가?

① 재정절벽

② 퍼펙트스톰

③ 스테그네이션

④ 서브프라임모기지

49. 호경기에는 소비재의 수요 증가로 인하여 상품의 가격이 상승하게 되는데, 이때 가격 상승의 폭이 노동자의 임금 상승의 폭보다 커서 노동자의 임금이 상대적으로 저렴해지는 효과가 나타난다. 이와 관련된 효과는?

① 전시효과

② 리카도 효과

③ 톱니효과

④ 베블런 효과

50. 다음 빈칸에 들어갈 용어는?

> 교도통신과 마이니치신문, 산케이신문 등 일본 주요 언론들은
> 일본 정부가 2019년 8월 2일 각의를 열고 전략물자 수출 간소
> 화 혜택을 주는 27개국의 (   ) 목록에서 한국을 제외하
> 기 위한 절차를 진행할 것으로 예상된다고 보도했다.

① 청색국가

② 적색국가

③ 녹색국가

④ 백색국가

부산교통공사

일반상식

정답 및 해설

SEOWONGAK

(주)서원각

제1회 정답 및 해설

1 ②

② 토론은 자기 주장의 정당성을 상대방이 인정하도록 집단 의사로 결정하는데 목적이 있다.

2 ④

㉠ 판독 : 글자 자체만을 읽을 수 있는 단계로 가장 초보적인 단계이다.

㉡ 이해 : 글의 구조와 내용을 파악하고 정보·지식의 추출 단계이다.

㉢ 해석 : 배경 지식, 경험을 활용한 의미의 재구성 단계로 배경 지식이 가장 많이 활용되는 단계이다.

㉣ 반응 : 평가와 비판을 통한 독자의 사고 및 행동이 변화되는 단계이다.

3 ②

② 건병은 꾀병의 북한말이다. 농담에 해당하는 북한말은 롱말이다.

4 ④

④ 의존명사 : 어떤 모양이나 상태와 같이

① 부사 : 결과에 있어서도 참으로

② 부사 : 전체 가운데 얼마쯤

③ 부사 : 둘 이상의 사람이나 사물이 함께, 어떤 상황이나 행동 따위와 다름이 없이

5 ④

① 붉게

② 나란히

③ 함께

6 ①

① '뜨겁다'와 '차갑다' 사이에는 '미지근하다'라는 중간 단계가 들어갈 수 있으므로 등급적 반의어에 해당한다.

②③④ 상보적 반의어

※ 반의어의 분류

㉠ 상보적 반의어 : 반의 관계를 이루는 의미들 사이에 중간 단계가 없다.

예 있다 / 없다, 참 / 거짓,

㉡ 등급적 반의어 : 반의 관계를 이루는 의미들 사이에 중간 단계가 있다.

예 길다 / 짧다, 작다 / 크다

㉢ 상관적 반의어 : 서로 일정한 관계를 가지면서 상반된 자질을 보인다.

예 주다 / 받다, 스승 / 제자

7 ②

② 깍뚜기 → 깍두기

※ '-하다'나 '-거리다'가 붙을 수 없는 어근에 '-이'나 또는 다른 모음으로 시작되는 접미사가 붙어서 명사가 된 것은 그 원형을 밝히어 적지 아니한다〈한글 맞춤법 제23항〉.

예 깍두기, 꽹과리, 날라리, 누더기, 두드러기, 딱따구리, 부스러기, 뻐꾸기, 얼루기, 칼싹두기

8 ④

① 웃입술 → 윗입술, '웃-' 및 '윗-'은 명사 '위'에 맞추어 '윗-'으로 통일한다.

② 깡충깡충, 넷째

• 깡총깡총 → 깡충깡충, 양성 모음이 음성 모음으로 바뀌어 굳어진 단어는 음성 모음 형태를 표준어로 삼는다〈표준어 규정 제8항〉.

③ 괴팍하다.

9 ②

문학의 3대 특성

- ㉠ **항구성(역사성)** : 문학은 시대를 초월한 인간의 정서를 표현하므로 영원한 생명력을 갖는다.
- ㉡ **보편성(일반성)** : 문학은 인간의 보편적 정서를 표현하기 때문에 시간과 공간을 초월하여 보편적 감동을 준다.
- ㉢ **개성(특수성)** : 문학은 특수하고 주관적인 체험의 표현으로 개성적이고 독창적이다.

10 ③

- ③ 독자에게 읽히기를 목적으로 한 시나리오
- ① 처음부터 영화 제작을 위해 창작한 시나리오
- ② 소설이나 희곡 등을 기초로 영화 촬영이 가능하게 고친 시나리오

11 ③

③ 「정읍사」는 백제의 가요로 「악학궤범」에 전한다.

12 ③

경기체가에 대한 설명이다.

① 가사 ② 가사 ③ 경기체가 ④ 고려 가요

13 ②

② 염상섭은 〈폐허〉의 대표적인 동인이다.

〈창조〉 … 순수 문학을 지향하며 소설에서는 사실주의와 자연주의를 도입했으며, 시에서는 상징주의와 낭만주의를 추구했던 문예 동인지이다.

14 ④

김소월의 작품은 민담, 민요, 향토적 소재를 제재로 하여 민중적 정감과 전통적인 한(恨)의 정서를 여성적 정조(情調)와 민요적 율조로 표현하고 있으며, 대개가 3음보격을 지닌 7·5조의 정형시로서 자연스런 호흡률 위주로 노래한다.

④ 주지시파의 특성이다.

15 ②

② **萱堂(훤당)** … 살아계신 남의 어머니를 높여 부르는 말이다.

16 ③

③ 권력을 가진 지도자가 등장하기 시작한 것은 청동기 시대이다.

17 ④

연맹왕국의 풍습비교

부여	고구려	옥저	동예
•순장	•서옥제	•가족공동묘	•두레
•형사취수제	•점복	•민며느리제	•족외혼
•우제점법	•1책 12법		
•1책 12법			
•은력			
•영고			

18 ②

수도의 치우침현상을 보완하고, 지방사회에 문화를 보급하기 위해 옛 삼국의 위치를 고려하여 5소경(북원경, 중원경, 서원경, 남원경, 금관경)을 설치하였다.

19 ①

광종의 개혁 … 왕권을 강화시키고 호족들의 세력을 약화시키기 위한 것이다.

- ㉠ **노비안검법** : 불법적으로 노비가 된 자를 조사하여 양인으로 해방시켜 주는 제도로서 호족의 경제적·군사적 기반이 약화되어 왕권이 강화되었으며 국가의 재정기반이 확대되었다.
- ㉡ **주현공부법** : 국가수입을 증대를 위하여 각 주현 단위로 조세와 공물의 액수를 정하여 징수하는 제도이다.
- ㉢ **과거제도** : 정치적 식견과 능력을 갖춘 관료층을 형성하기 위한 제도로서 학문의 성적에 따라 신진관리를 등용하여 신·구세력의 세대교체를 이룩하였다.
- ㉣ **관리의 공복제도** : 관료제도 질서를 통한 왕권확립을 위해 관리의 복색을 4색으로 구분하였다.

20 ③

③ 훈련도감은 왜란의 영향으로 개편된 군사제도이다.

※ **임진왜란의 영향으로 나타난 국내외의 상황**

　㉠ **국내적 영향** : 인구와 농토가 격감되고 농촌이 황폐화되어 민란이 발생하였다. 또한 토지대장과 호적이 소실되어 국가의 재정이 궁핍해졌고, 이에 대한 대책으로 공명첩을 대량으로 발급하였고 납속이 실시되었다.

　㉡ **국제적 영향** : 일본은 문화재를 약탈하고 성리학자와 도공을 납치하였다. 이는 일본 문화가 발전하는 계기가 되었다. 여진족은 급성장하여 후금을 세웠으나 명은 쇠퇴하였다.

21 ②

진대법은 고구려 고국천왕 때 실시한 것으로 궁핍한 농민들에게 곡식을 빌려 주어 노비로 전락하는 것을 막고자 하였다.

22 ①

조선후기에 들어서면서 부역제의 해이로 군역이 용병제로 바뀌고 관청 중심의 수공업도 붕괴되어 갔으며 농민들이 부역동원을 거부하자 사채를 허용하고 세금을 거두는 정책으로 바뀌었다.

23 ④

상평창은 가을에 양곡을 매수하여 봄에 저렴한 가격으로 판매하는 물가조절기관이다. 즉, 곡식의 수급을 조절해 빈민을 구제한 기구이다.

24 ②

김대문이 저술한 이 작품들은 신라의 역사·지리·풍토를 서술한 것으로 전통적·독자적 경향을 지니고 있다.

25 ①

① 제시된 내용은 선종의 유행과 관련된 장엄하고 수려한 부도들이 많이 건립된 것을 설명하고 있으며 경천사지 10층 석탑은 원의 석탑을 본뜬 것으로 조선시대로 이어졌다.

26 ②

② 「동국통감」은 고조선부터 고려말까지의 역사를 정리한 편년체 통사이다.

① 「고려사절요」는 고려시대 전반을 편년체로 정리한 역사서이다.

③ 「고려사」는 고려시대 정치·경제·사회·문화·인물 등의 내용을 기전체로 정리한 관찬사서이다.

④ 「고려국사」는 총 37권의 편년체 사서이나 현존하지 않는다.

27 ①

① 러·일전쟁 이후(1904～1905)

② 강화도조약(1876)

③ 제물포조약(1882)

④ 갑신정변(1884)

28 ①

① 독립협회가 추구한 정치형태는 입헌군주제였고, 공화정치의 실현을 추구한 최초의 단체는 신민회였다.

29 ③

일제는 태평양전쟁 도발 후, 한국의 인적·물적 자원의 수탈뿐 아니라 민족문화와 전통을 완전히 말살시키려 하였다. 우민화정책과 병참기지화정책도 민족말살통치의 하나이다.

30 ③

③ 한말의 역사학은 민족의 정통성을 찾고 외국의 침략으로부터 국권을 수호하려는 강렬한 민족주의 사학이 발달하였다.

31 ②

신종 코로나바이러스(COVID-19) … 2019년 12월 중국 우한시에서 발생한 집단 폐렴의 원인 바이러스로, 인체 감염 7개 코로나바이러스 중 하나이다. WHO(세계보건기구)는 우한 폐렴의 원인이 신종 코로나바이러스로 확인됐다고 밝히면서 우한 폐렴이 인간 대 인간으로 전염될 가능성을 완전히 배제할 수 없다고 밝혔다.

32 ①

난로(stove) 주변에 둘러앉아 언쟁을 벌이는 모습이 마치 실제 리그를 보는 듯하다 해서 생겨난 용어이다.

33 ③

대화 속에서 甲은 경력 개발이나 고액 연봉을 위해 2~3년 단위로 직장을 옮기고 있다. 이러한 사람들을 일컬어 잡호핑(job hopping)족이라고 한다.

① 예티(YETTIE)족 : 젊고(Young) 기업가적(Entrepreneurial)이며 기술에 바탕을 둔(Tech based) 인터넷 엘리트(Internet Elite)의 머리글자를 딴 것이다.

② 엠니스(Mness)족 : 남성을 뜻하는 영어 단어 Man의 'M'에 어떠한 성질이나 상태를 나타내는 '–ness'를 결합한 신조어로, 남성의 특징으로 여겨지던 힘과 명예 등의 특성에 소통, 양육 등 여성적인 요소를 조화시킨 남성상을 의미한다.

④ 스완(SWANS)족 : 강하고 사회적으로 성공한 미혼 여성(strong women achiever, no spouse)의 약어이다.

34 ①

① 건수를 기준으로 규제를 관리하는 것은 기존의 '규제총량제'다.

※ 규제비용총량제 … 새 규제를 만들 때 상응하는 비용의 기존 규제를 철폐하는 제도를 말한다. 만일 1억의 비용을 수반하는 규제를 신설한다면 동일한 비용이 발생하는 다른 규제를 없애서 비용의 합을 맞춰야 한다.

35 ①

조지워싱턴대 경영학과 교수 제리 B. 하비(Jerry B. Harvey)가 자신의 논문에서 설명한 현상으로, 집단 내 구성원들이 집단의 의견에 반대하는 것을 잘못이라고 생각해 자신의 의사와는 다른 결정에 마지못해 찬성하는데, 알고 보면 다들 같은 생각으로 원치 않는 결정을 내린 것이라 모두가 원하지 않는 방향으로 결정이 이루어지는 역설적인 상황을 뜻한다.

36 ①

스칸디맘(Scandimom) … 북유럽적 가치관을 갖고 있는 30대 엄마들을 지칭한다. 교육에 올인하는 게 아니라 아이들과 문화적·정서적 공감을 중시한다. 디자인 분야에서는 절제된 북유럽 스타일을 선호하고 '합리적 사치'에 관대하다. 스칸디대디는 육아에 적극 참여하며 자녀와 최대한 많은 시간을 함께 보내고 교감하는 북유럽 아빠들을 통칭하는 말이다.

37 ③

인포데믹(infodemic)은 정보(information)와 전염병(endemic)의 합성어로, 잘못된 정보나 악성루머들이 SNS 등을 통해 매우 빠르게 퍼져나가는 모습이 전염병과 같다고 하여 생겨난 용어이다. 우리말로는 정보전염병이라고 할 수 있다.

① 미닝아웃(meaning out) : 자신의 정치·사회적 신념이나 가치관을 소비를 비롯한 다양한 형태로 드러내는 것을 말한다.

② 스티커 쇼크(sticker shock) : 기대 이상의 비싼 가격으로 받는 소비자의 충격을 지칭하는 용어이다.

④ 루머트리지(rumortrage) : 소문(romor)과 차익거래(arbitrage)의 합성어로, 상장 기업의 주식을 빌려 산 뒤 악성 소식을 퍼뜨려 주가 하락을 유도하고, 주가가 내린 후 싼 가격에 상환해 차익을 얻는 행위를 일컫는다.

38 ③

스트라이샌드 효과 … 온라인상에 있는 어떤 정보를 삭제하거나 숨기려다가 오히려 사람들의 관심을 끌게 되어 원래의 의도와는 반대로 그 정보의 확산을 가져오는 역효과를 말한다.

39 ④

덤 머니(dumb money)는 전문성이 상대적으로 결여된 개인 투자자의 자금을 일컫는 용어로, 금융 시장에 대한 이해도가 높은 기관 투자자나 규모가 큰 개인 투자자의 자금을 의미하는 스마트 머니(smart money)와 반대되는 개념이다.

① 소프트 머니 ② 스마트 머니 ③ 러브 머니

40 ②

쇼루밍(showrooming)족이란 오프라인 매장에서 제품을 직접 만져보고 확인한 후 온라인을 통해 가격을 비교하고 가장 저렴하게 판매하는 사이트에서 물건을 구매하는 사람들을 뜻한다.

① 그루밍족 : 패션과 미용에 아낌없이 투자하는 남자들을 일컫는 신조어이다.

③ 노무족 : No more Uncle의 약자(NOMU)로, 젊은 외모와 자유로운 사고를 지향하는 40~50대의 남성들을 지칭한다.

④ 루비족 : 신선함(Refresh), 비범함(Uncommon), 아름다움(Beautiful), 젊음(Young)의 단어의 머리글자를 따서 조합한 말로, 평범한 아줌마를 거부하는 40~50대 여성을 일컫는다.

41 ④

제시된 내용은 화폐 단위를 변경하는 일인 리디노미네이션(redenomination)에 대한 설명이다.

42 ①

단순노출 효과라고도 하는 에펠탑 효과에 대한 설명이다.

43 ④

지구 온난화의 영향으로 우리나라 근해에서는 명태, 대구와 같은 한류성 어족의 어획량이 감소하고 있다.

44 ②

② 삼성라이온즈의 상징은 사자이다. 곰은 두산베어스의 상징이다.

45 ①

파노플리 효과(Panoplie effect)는 1980년대 프랑스의 사회학자 보드리야르가 밝힌 개념이다. 보드리야르는 소비자가 물건을 구매하는 행위에도 한 사람의 이상적 자아가 반영된다고 언급하며 신분상승의 욕구가 소비를 통해 나타난다고 보았다.

② 베블렌 효과 : 가격이 오르는 데도 불구하고 수요가 증가하는 효과

③ 자이가르닉 효과 : 마치지 못한 일을 마음속에서 쉽게 지우지 못하는 현상

④ 마태 효과 : 부자는 더욱 부자가 되고, 가난한 자는 더욱 가난해지는 현상

46 ③

'블러(blur)'는 '흐릿해지다'는 뜻으로 'big'과 결합하여 큰 산업 간의 경계가 모호해 지는 현상을 말한다. 1999년 스탠 데이비스가 그의 저서『블러 : 연결 경제에서의 변화의 속도』에서 사용하면서 널리 퍼졌다.

47 ②

머신러닝은 컴퓨터에게 인간이 먼저 다양한 정보를 입력하여 학습하는 것을 가르치고 그것을 학습한 결과에 따라 컴퓨터가 새로운 것을 예측하는 것이다. 딥러닝은 머신러닝보다 한 단계 더 나아가 인간이 학습하는 것을 가르치지 않아도 스스로 해낸 후 미래의 상황을 예측한다는 차이가 있다.

48 ④

④ 단백질에 대한 설명이다.

49 ①

① PB(Private Brand) : 제조 설비를 가지지 않은 유통 전문 업체가 개발한 브랜드

② NB(National Brand) : 제조업체 브랜드

④ CVS(convenience store) : 편의점

50 ③

미국의 금리가 인상될 경우, 미국 달러의 가치가 증가하여 원달러 환율이 오르게 된다. 또한 미국 금리가 인상되면서 우리나라에 투자했던 달러들이 다시 미국으로 몰려가 외환보유가 줄게 되는데 이를 유지하기 위해서는 국내 금리가 인상될 가능성이 커진다. 국내 금리가 인상될 경우 예금이 증가하고 대출이 감소하며, 투자도 감소하게 된다.

제2회 정답 및 해설

1 ①

패널(Panel) … 배심 토의(대표 토의)라고도 하며 특정 문제를 해결하거나 해명하려는 목적으로, 주어진 문제나 화제에 대하여 특별히 관심이 있거나 정보와 경험이 있는 사람을 배심원으로 뽑아 청중 앞에서 각자의 지식, 견문, 정보를 발표하고, 여러 가지 의견을 제시하여 함께 생각하는 공동 토의이다.

2 ①

① 유비, 관우, 장비가 의형제를 맺음을 이르는 말
② 수레에 실으면 소가 땀을 흘리고, 집에 쌓으면 들보에까지 가득 찰 만큼 많다는 뜻에서, 썩 많은 장서(藏書)를 가리키는 말
③ 손에서 책을 놓지 않고 늘 글을 읽음
④ 책을 백 번 읽으면 그 뜻이 스스로 보인다는 말로, 학문을 탐구하면 뜻한 바를 이룰 수 있음을 가리키는 말

3 ③

③ 깎아 [까까]
홑받침이나 쌍받침이 모음으로 시작된 조사나 어미, 접미사와 결합되는 경우에는, 제 음가대로 뒤 음절 첫소리로 옮겨 발음한다.

4 ③

③ 한자어의 경우 본래 표의 문자이기 때문에 각각의 글자가 하나의 형태소가 된다.

5 ①

② 계시다 → 있으시다.
③ 오시래 → 오라고 하서.
④ 이빨 → 치아

6 ②

관용적인 표현은 두 개 이상의 단어가 그 단어들의 의미만으로는 전체의 의미를 알 수 없는, 특수한 하나의 의미로 굳어져서 쓰이는 경우로 숙어와 속담이 있다.
① 사교적이어서 아는 사람이 많다.
③ 아주 무식하다.
④ 행복하거나 만족하다.

7 ①

② 삭월세 → 사글세
③ 알타리무 → 총각무
④ 설겆이 → 설거지

8 ③

① 미싯가루 → 미숫가루, 모음의 발음 변화를 인정하여, 발음이 바뀌어 굳어진 형태를 표준어로 삼는다〈표준어 규정 제11 항〉.
　　예 나무라다(나무래다×), 상추(상치×), 지루하다(지리하다×), 바람(바램×), 미숫가루(미싯가루×), 허드레(허드래×)
② 바램 → 바람
④ 안절부절했다 → 안절부절못했다, 의미가 똑같은 형태가 몇 가지 있을 경우, 그 중 어느 하나가 압도적으로 널리 쓰이면, 그 단어만을 표준어로 삼는다〈표준어 규정 제25 항〉.
　　예 새앙손이, 쌍동밤, 주책없다, 안절부절못하다, 칡범

9 ①

초현실주의 … 프로이드의 정신분석학의 영향으로, '자동 기술법'을 바탕으로 하여 무의식의 세계를 표출하려는 경향이다. 대표작에 제임스 조이스의 「율리시스」, 버지니아 울프의 「세월」, 마르셀 프루스트의 「잃어버린 시간을 찾아서」, 이상의 「날개」 등이 있다.
② 낭만주의 ③ 사실주의 ④ 자연주의

10 ①

비평의 내재적(內在的) 방법은 오로지 그 작품 자체만 가지고 하는 비평(절대론)으로, 작품을 구성하고 있는 언어, 구조, 이미지, 운율, 행, 연 등을 중심으로 하는 비평을 말한다. 형식주의 비평(신비평)이 여기에 속한다.
②③④ 외재적 방법

11 ①

향가는 「삼국유사」에 14수, 「균여전」에 11수가 전하고 있다.

12 ④

윤선도의 「어부사시사」는 춘·하·추·동 사계절을 그리며 각각 10수씩 읊은, 전 40 수의 작품으로 계절마다 펼쳐지는 어촌의 아름다운 경치와 어부 생활의 흥취를 참신한 구어체의 시어와 다양한 시적 기교를 살려 표현하고 있다. 이것은 고려 때부터 전해 온 「어부사」를 명종 때 이현보가 「어부가」 9장으로 개작한 것을 윤선도가 다시 개작한 작품이다.

13 ②

이광수의 「무정」 … 최초의 현대 장편 소설로 언문 일치의 문장, 새로운 애정관, 교육자적 작가의 개입, 신구 가치관의 대립 등 근대화 과정에서 나타난 현실상을 민족주의적 열정과 계몽의식으로 그려내고 있다.
② 이광수의 「무정」은 「매일신보」에 연재되었다.

14 ③

③ 單(홑 단) ↔ 複(겹칠 복), 福(복 복) ↔ 禍(재앙 화)

15 ③

死後藥方文(사후약방문) … 죽은 후에 약의 비첩을 가져온다.
① 둔한 사람은 아무리 일러도 알아듣지 못한다는 말
② 아무리 재미있는 일이라도 배가 불러야 흥이 난다는 말

③ 이미 일을 그르친 뒤에는 뉘우쳐도 소용없다는 말
④ 무엇보다 사람에게 있어서는 먹는 것이 가장 중요하다는 말

16 ②

② 신석기 시대에는 농경의 시작으로 정착과 촌락공동체의 형성이 이루어진 시기이다.

17 ②

부여에는 왕 아래 마가, 구가, 저가와 대사자, 사자 등의 관리가 있었다. 가(加)들은 왕의 신하이면서도 자신의 출신 지역인 사출도를 독자적으로 다스렸다. 제가회의는 고구려의 귀족회의로 나라의 중요정책을 결정하고, 국가에 중대한 범죄자가 있으면 회의를 열어 형을 결정하기도 하였다. 이는 부여와 고구려가 여러 개의 소국이 합쳐진 연맹왕국으로 발전하였음을 보여주는 것이다.

18 ③

발해가 건국된 지역은 고구려 부흥운동이 활발하게 일어난 요동지역이었다. 발해의 지배층 대부분은 고구려 유민이었으며 발해의 문화는 고구려적 요소를 많이 포함하고 있었다. 또한 발해 문왕 대흠무가 일본에 보낸 국서에서 고려 계승을 표방하고 있다.

19 ②

신채호가 묘청의 서경천도운동을 조선 역사상 일천년 이래 제일의 사건이라고 한 까닭은 묘청 일파가 보인 자주적인 성격 때문이다. 신채호는 서경세력이 주장한 금국정벌론과 황제를 칭하고 연호를 제정하자는 칭제건원론을 민족자주정신의 발로로 평가하였다. 그는 묘청의 서경천도운동의 실패로 우리나라가 사대주의와 유교사상으로 물들게 되었다고 평가하였다.

20 ③

위화도 회군으로 실권을 잡은 신진사대부들은 과전법을 마련하여 전제개혁을 단행함으로써 농장을 해체하여 권문세족의 경제기반을 무너뜨리고, 신진관료들에게 토지를 지급할 수 있게 하였다.

21 ①

고려시대에는 기금을 조성하여 그 이자로 공적인 사업의 경비로 충당하는 보가 발달하였으나 원래의 취지와 달리 이들은 이자 취득에만 급급해 고리대업을 성행시켜 농민생활에 큰 폐해를 가져왔다.

22 ①

구황방법을 제시하여 농민의 굶주림을 해결하였고 호패법과 오가작통법은 농민의 유망을 막고 통제를 더욱 강화하려는 것이었다. 향약의 시행도 농민생활의 규제와 상부상조하는 것을 목표로 하였다. 모두 조선시대의 농촌사회를 안정시키기 위한 것이다.

23 ④

고구려 문화의 영향을 받은 나라

㉠ 백제의 고분벽화는 고구려의 영향을 받았다.

㉡ 신라의 미술은 초기에 고구려의 영향을 많이 받았다.

㉢ 발해의 미술은 고구려 미술이 계승되어 어느 정도 부드러워지면서도 웅장하고 건실한 기풍을 나타낸다.

㉣ 일본 쇼토쿠 태자의 스승은 고구려의 승려 혜자였다. 혜관은 삼론종을 전파했으며, 도현은 「일본세기」를 저술하였다. 또 담징은 유교의 5경과 그림을 가르쳤고 종이와 먹의 제조방법까지 전해주었으며, 호류사의 금당벽화를 그렸다.

24 ③

③ 통일기에 와서는 높은 기단 위에 3층 석탑을 세우고, 대담하게 각 층의 폭과 높이를 줄이면서 쌓아 올려 독특한 입체미를 나타내는 양식이 유행하였는데, 불국사 3층 석탑은 세련미의 극치를 보여주고 있다.

25 ②

㉠ 고려말의 최무선은 왜구의 침입을 격퇴하기 위해서 화약제조기술의 습득에 힘을 기울였다.

㉣ 송과의 해상무역이 발달하면서 길이가 96척이나 되는 대형 범선이 제조되었다.

㉡ 우리나라 인쇄술의 발달은 지식의 대중화에 기여하지 못했다. 일반 백성들이 한자로 된 서적을 활용하기에는 어려움이 있었기 때문이다.

㉢ 원의 수시력을 채용한 것은 천재지변을 예측하고, 농사를 위한 천체운행과 기후관측에 필요했기 때문이다.

26 ②

① 유수원은 상공업의 진흥과 기술혁신, 사농공상의 직업평등화를 주장하였다.

③ 박지원은 상공업의 진흥과 수레·선박·화폐 이용의 주장 및 양반 문벌제도의 비생산성을 비판하였다.

④ 박제가는 청과의 통상을 주장하며 절약보다 적절한 소비를 권장하였다.

27 ②

우리나라의 근대적 조약은 일본과 1876년 2월 처음으로 맺음을 계기로 1882년 3월 미국, 1882년 4월 영국, 1882년 5월 독일, 1884년 5월 이탈리아, 1884년 6월 러시아, 1886년 5월 프랑스와 각각 수교를 맺었다.

28 ②

② 봉오동전투에서는 홍범도가 이끈 대한독립군이 승리하였고, 청산리대첩은 김좌진이 이끈 북로 군정서군이 승리하였다.

29 ④

아관파천 이후 열강들의 이권침탈을 저지할 것을 주장한 글이다. 열강들은 금광채굴권, 철도부설권, 삼림채벌권 등 경제적 이권을 침탈하였는데, 이것은 우리나라의 발전에 절대 필요한 자원들이었다.

30 ③

③ 미국인 모스는 경인선을 착공한 후 일본 회사에 이권을 전매하였다.

31 ②

전시 또는 레저를 목적으로 동물을 사냥해 박제 등을 수집하고 기념하는 활동을 트로피 헌팅이라고 하고, 이를 즐기는 사람들을 트로피 헌터라고 한다.

32 ③

호르무즈 해협은 이란과 아라비아반도 사이에 페르시아만과 오만만을 잇는 좁은 해협으로 중동 산유국의 중요한 원유 수송로이다. 이란과 미국 사이의 긴장감이 높아지면서 미국은 우리나라가 IMSC(국제해양안보구상·호르무즈 호위연합)에 참여하길 희망했지만, 우리 정부는 청해부대가 미군과는 별개로 독자 작전을 수행하는 '독자 파견' 형태를 취했다.

33 ①

데카르트 마케팅(techart marketing)은 테크(tech)와 아트(art)의 만남으로 널리 알려진 예술가 또는 디자이너의 작품을 제품 디자인에 반영해 브랜드 이미지를 높이는 마케팅 전략을 말한다.

34 ④

FANG은 페이스북(Facebook), 아마존(Amazon), 넷플릭스(Netflix), 구글(Google) 등 4개 기업을 가리킨다.

35 ④

타운홀미팅(town hall meeting) … 정책결정권자 또는 선거입후보자가 주민들을 초대해 주요 정책 또는 이슈에 대하여 설명하고, 의견을 듣는 비공식적 공개 회의를 말한다.

36 ②

① 베르테르 효과 : 유명인이나 자신이 모델로 삼고 있던 사람 등이 자살할 경우, 이를 동일시하여 자살을 시도하는 현상
③ 나비 효과 : 아주 작은 사건 하나가 그것과는 별반 상관없어 보이는 곳까지 영향을 미친다는 이론
④ 피그말리온 효과 : 누군가에 대한 사람들의 믿음이나 기대가 그대로 실현되는 현상

37 ④

재스민 혁명은 2010년 12월 튀니지에서 발생한 민주화 혁명이다.
① 캐리람 : 2017년 7월부터 제5대 홍콩 행정장관을 맡고 있는 정치인이다.
② 우산 혁명 : 2014년 중국에 민주적인 선거를 요구하며 일어난 홍콩 민주화 시위로, 최루탄과 물대포를 쏘아 대는 경찰의 강제 진압에 시민들이 우산으로 맞서 우산 혁명이라 불린다.
③ 복면금지법 : 홍콩 법원은 시위대의 마스크 착용을 금지한 복면금지법이 헌법인 기본법 규정에 어긋난다며 위헌이라고 판결했다.

38 ③

다보스 포럼이라고도 불리는 세계경제포럼은 매년 1~2월 스위스의 다보스에서 개최된다.

39 ②

트윈슈머(Twinsumer) … 쌍둥이라는 뜻의 '트윈(Twin)'과 소비자를 의미하는 '컨슈머(Consumer)'의 합성어이다. 유사한 성향과 소비패턴을 가지고 있는 소비자들로, 인터넷에 올라온 제품 사용후기를 참고하여 평가하고 이것이 구매로 연결된다.
① 리뷰슈머 : 리뷰(Review)와 컨슈머(Consumer)의 합성어로 제품을 써보고 온라인상에 품평을 올려 다른 사람들의 소비 결정에 큰 영향을 미치는 소비자 집단을 말한다.
③ 모디슈머 : 제품을 제조사에서 제시하는 표준방법대로 따르지 않고 자신만의 방식으로 재창조해 내는 소비자를 일컫는다.
④ 프로슈머 : '생산자'를 뜻하는 영어 'producer'와 '소비자'를 뜻하는 영어 'consumer'의 합성어로 소비는 물론 제품 개발과 유통과정에도 직접 참여하는 '생산적 소비자'를 지칭한다.

40 ④

제노비스 신드롬은 주위에 사람들이 많을수록 어려움에 처한 사람을 돕지 않게 되는 현상으로 방관자 효과라고도 한다.

① **다원적 무지** : 집단 구성원들의 대부분이 마음 속으로는 어떤 규범을 부정하면서, 다른 사람들은 그 규범을 수용하고 있다고 잘못 생각하는 현상

② **베블런 효과** : 가격이 오르는데도 수요가 줄지 않고 오히려 증가하는 현상

③ **아폴로 신드롬** : 뛰어난 인재들만 모인 집단에서 오히려 성과가 낮게 나타나는 현상

41 ④

사이버스쿼팅(cybersquatting) … 인터넷상의 컴퓨터 주소인 도메인을 투기나 판매 목적으로 선점하는 행위로 연예인이나 유명 단체의 이름을 딴 도메인을 등록해 놓고 높은 가격으로 되파는 행위를 말한다.

42 ①

린 스타트업(lean startup) … 미국 실리콘밸리의 벤처 연구가 에릭리스가 개발한 개념이다. 모든 기업들이 직면한 극도의 불확실성을 극복하는 방법으로 생산적 실패를 거듭하면서 시장의 피드백에 맞춰서 테스트와 수정을 계속해 나가야 한다는 것이 전략의 핵심이다.

43 ②

AIIB는 아시아인프라투자은행으로 미국과 일본이 주도하는 세계은행과 아시아개발은행에 대항하여 중국 주도로 설립된 은행이다.

44 ③

그리스의 역사가 투키디데스가 펠로폰네소스 전쟁을 급격히 부상하던 아테네와 이를 견제하려는 스파르타가 빚어낸 구조적 긴장의 결과라고 설명하면서 이러한 관계를 '투키디데스 함정'이라고 명명하였다.

45 ②

할랄(halal) … 과일·야채·곡류 등 모든 식물성 음식과 어류·어패류 등의 모든 해산물과 같이 이슬람 율법하에서 무슬림이 먹고 쓸 수 있도록 허용된 제품을 총칭하는 용어이다.

① **코셔(Kosher)** : 전통적인 유대인의 의식 식사법에 따라 식물을 선택·조제하는 것으로, 사전적으로는 '적당한, 합당한'의 의미를 가진다.

③ **맛초(matzo)** : 히브리 사람들이 이집트에서 탈출하던 초기에 '고통의 빵'을 먹어야 했던 사실을 잊지 않기 위해서 먹는 누룩이 들어가지 않은 빵이다.

④ **테레파(terefa)** : 유대인의 의식 식사법에 따라 먹을 수 없는 것으로 지정된 것들로 어류는 미꾸라지 같이 지느러미와 비늘 중 하나라도 없는 종, 독수리/매와 같은 야생 조류와 육식을 하는 조류, 돼지/낙타/말 등과 같이 되새김질을 하지 않거나 굽이 갈라져 있지 않은 동물이 이에 해당된다.

46 ④

④ 감사원의 역할이다.

※ **헌법 제111조 제1항** … 헌법재판소는 다음 사항을 관장한다.

　㉠ 법원의 제청에 의한 법률의 위헌여부 심판

　㉡ 탄핵의 심판

　㉢ 정당의 해산 심판

　㉣ 국가기관 상호간, 국가기관과 지방자치단체간 및 지방자치단체 상호간의 권한쟁의에 관한 심판

　㉤ 법률이 정하는 헌법소원에 관한 심판

47 ④

반의사불벌죄는 피해자가 가해자의 처벌을 원하지 않는다는 의사를 표시하면 처벌할 수 없는 범죄로, 「형법」상 반의사불벌죄로 규정된 범죄로는 외국 원수에 대한 폭행·협박 등의 죄(제107조), 외국사절에 대한 폭행·협박 등의 죄(제108조), 외국의 국기·국장 모독죄(제109조), 단순·존속폭행죄(제260조 제3항), 과실치상죄(제266조 제2항), 단순·존속협박죄(제283조 제3항), 명예훼손죄 및 출판물 등에 의한 명예훼손죄(제312조 제2항) 등이 있다.

④ 비밀침해의 죄는 친고죄이다.

48 ①

낙전수입에 대한 설명이다. 정액 상품에서 구매자가 제공량을 다 쓰지 않아 떨어지는 부가수입을 말하는 것으로 최근에는 소셜커머스에서도 낙전수입 논란이 일고 있어 공정거래위원회가 '소셜커머스 미사용 쿠폰 환불제'를 도입했지만 환불이 불가능한 쿠폰이 여전히 많아 실효성 논란이 일고 있다.

49 ②

모두스 베벤드(Modus Vivendi)는 '생활방식'이라는 의미의 라틴어로 국제법상 분쟁해결을 위하여 당사자간에 편의적으로 체결되는 잠정적 협정이나 일시적 합의사항을 말한다.

50 ①

라가치상(Ragazzi Award) … 볼로냐아동도서전 기간에 픽션·논픽션·뉴 호라이즌·오페라 프리마 등 4개 부문으로 나눠 책 내용은 물론, 디자인·편집·장정의 수준과 창의성, 교육적·예술적 가치를 평가대상으로 삼아 뛰어난 작품을 낸 작가와 출판사를 선정하여 각 부문에서 대상과 우수상을 수상한다.

② **케이트 그리너웨이상** : 영국도서관협회에서 제정한 아동문학상

③ **국제안데르센상** : 아동문학의 발전과 향상을 위하여 창설된 상으로 격년제로 시상되는 국제적인 아동문학상

④ **카스테로상** : 이탈리아에는 1950년에 제정한 아동문학상

제3회 정답 및 해설

1 ②

앞 부분에서는 동물의 의사전달 수단을 뒷 부분에서는 인간 언어만의 고유성을 이야기하고 있으므로 역접 관계를 나타내는 '그러나'가 들어가야 한다.

2 ②

제시된 글의 '위대한 그림'이라는 말이 따로 입증되지 않고 순환되고 있는 것으로 '순환 논증의 오류'를 범하고 있음을 알 수 있다. 순환 논증의 오류는 전제를 바탕으로 결론을 논증하고 다시 결론을 바탕으로 전제를 논증하는 데에서 오는 오류를 말한다.

※ 논증의 오류 … 타당하지 못한 추리를 타당한 추리인 것처럼 생각하는 논증이다.

㉠ **자료적 오류** : 주장의 전제 또는 논거가 되는 자료를 잘못 판단하여 결론을 이끌어 내거나 원래 적합하지 못한 것임을 알면서도 의도적으로 논거로 삼음으로써 범하게 되는 오류이다.

- 성급한 일반화의 오류 : 제한된 정보, 불충분한 자료, 대표성을 결여한 사례 등 특수한 경우를 근거로 하여 이를 성급하게 일반화하는 오류이다.
- 우연의 오류(원칙 혼동의 오류) : 일반적으로 그렇다고 해서 특수한 경우에도 그러할 것이라고 잘못 생각하는 오류이다.
- 무지에의 호소 : 어떤 주장이 반증된 적이 없다는 이유로 받아들여져야 한다고 주장하거나, 결론이 증명된 것이 없다는 이유로 거절되어야 한다고 주장하는 오류이다.
- 잘못된 유추의 오류 : 부당하게 적용된 유추에 의해 잘못된 결론을 이끌어 내는 오류, 즉 일부분이 비슷하다고 해서 나머지도 비슷할 것이라고 생각하는 오류이다.
- 흑백 논리의 오류 : 어떤 주장에 대해 선택 가능성이 두 가지밖에 없다고 생각함으로써 발생하는 오류이다.
- 원인 오판의 오류(거짓 원인을 내세우는 오류, 선후 인과의 오류, 잘못된 인과 관계의 오류) : 단순히 시간상의 선후 관계만 있을 뿐인데 시간

상 앞선 것을 뒤에 발생한 사건의 원인으로 보거나 시간상 뒤에 발생한 것을 앞의 사건의 결과라고 보는 오류이다.

- 복합 질문의 오류 : 둘 이상으로 나누어야 할 것을 하나로 묶어 질문함으로써, 대답 여하에 관계없이 대답하는 사람이 수긍할 수 없거나 수긍하고 싶지 않은 것까지도 수긍하는 결과를 가져오는 질문 때문에 발생하는 오류이다.
- 논점 일탈의 오류 : 원래의 논점에 관한 결론을 내리지 않고 이와 관계없는 새로운 논점을 제시하여 엉뚱한 결론에 이르게 되는 오류이다.
- 순환 논증의 오류(선결 문제 해결의 오류) : 논증하는 주장과 동의어에 불과한 명제를 논거로 삼을 때 범하는 오류이다.
- 의도 확대의 오류 : 의도하지 않은 행위의 결과를 의도가 있었다고 판단할 때 생기는 오류이다.

㉡ **언어적 오류** : 언어를 잘못 사용하거나 잘못 이해하는 데에서 발생하는 오류이다.

- 애매어의 오류 : 두 가지 이상의 의미로 사용될 수 있는 단어의 의미를 명백히 분리하여 파악하지 않고 혼동함으로써 생기는 오류이다.
- 강조의 오류 : 문장의 한 부분을 불필요하게 강조함으로써 발생하는 오류이다.
- 은밀한 재정의의 오류 : 용어의 의미를 자의적으로 재정의하여 사용함으로써 생기는 오류이다.
- 범주 혼동의 오류 : 서로 다른 범주에 속한 것을 같은 범주의 것으로 혼동하는 데서 생기는 오류이다.
- '이다' 혼동의 오류 : 비유적으로 쓰인 표현을 무시하고 사전적 의미로 해석하거나 술어적인 '이다'와 동일성의 '이다'를 혼동해서 생기는 오류이다.

㉢ **심리적 오류** : 어떤 주장에 대해 논리적으로 타당한 근거를 제시하지 않고 심리적인 면에 기대어 상대방을 설득하려고 할 때 발생하는 오류이다.

- 인신 공격의 오류(사람에의 논증) : 논거의 부당성을 지적하기보다 그 주장을 한 사람의 인품이나 성격을 비난함으로써 그 주장이 잘못이라고 하는 데에서 발생하는 오류이다.

- 동정에 호소하는 오류 : 사람의 동정심을 유발시켜 동의를 꾀할 때 발생하는 오류이다.
- 피장파장의 오류(역공격의 오류) : 비판받은 내용이 비판하는 사람에게도 역시 동일하게 적용됨을 근거로 비판에서 벗어나려는 오류이다.
- 힘에 호소하는 오류 : 물리적 힘을 빌어서 논의의 종결을 꾀할 때의 오류이다.
- 대중에 호소하는 오류 : 군중들의 감정을 자극해서 사람들이 자기의 결론에 동조하도록 시도하는 오류이다.
- 원천 봉쇄에 호소하는 오류(우물에 독 뿌리기식의 오류) : 반론의 가능성이 있는 요소를 원천적으로 비난하여 봉쇄하는 오류이다.
- 정황적 논증의 오류 : 주장이 참인가 거짓인가 하는 문제는 무시한 채 상대방은 그가 처한 정황 또는 상황으로 보아 자기의 생각을 받아들이지 않으면 안 된다고 주장하는 오류이다.

3 ①
① '밟다'는 [밥따]로 발음한다. 원칙적으로 겹받침 'ㄼ'이 음절 끝에 올 때에는 첫째 자음만 발음하지만 예외적으로 자음 앞에서 '밟-'은 [밥]으로 발음한다.

4 ②
② 손(어근) + 쉽다(어근) : 합성어 , 큰(어근) + 아버지(어근) : 합성어

5 ④
홑문장 … '주어 + 서술어'의 관계가 한 번 이루어져 있는 문장이다.
① 관형절을 안은 문장(겹문장)이다.
② 서술절을 안은 문장(겹문장)이다.
③ 2개의 문장으로 분리가 가능하다(겹문장).
④ 주어 + 서술어의 관계가 한 번 나타난다(홑문장).

6 ③
'고식지계'는 당장의 편한 것만을 택하는 일시적인 계책을 이르는 사자성어이며 '발본색원'은 폐단의 근본 원인을 모조리 없앤다는 뜻으로 둘은 반의관계이다.

7 ③
한자어에는 사이시옷을 붙이지 않는 것을 원칙으로 하되, '곳간(庫間), 셋방(貰房), 숫자(數字), 찻간(車間), 툇간(退間), 횟수(回數)'는 사이시옷을 받치어 적는다〈한글 맞춤법 제30 항〉.
① 회수 → 횟수(回數)
② 갯수 → 개수(個數)
④ 전셋방 → 전세방(傳貰房)

8 ④
① 받침 뒤에 모음 'ㅏ, ㅓ, ㅗ, ㅜ, ㅟ'들로 시작되는 실질 형태소가 연결되는 겹받침의 경우에는, 그 중 하나만을 옮겨 발음한다.
   예 넋 없대[너겁때], 닭 앞에[다가페], 값있는[가빈는]
② 'ㄹ' 받침 뒤에 첨가되는 'ㄴ' 소리는 [ㄹ]로 발음한다〈표준 발음법 제29 항〉.
   예 물약[물략], 불여우[불려우], 서울역[서울력], 물엿[물렫], 휘발유[휘발류]
③ 사이시옷 뒤에 'ㄴ, ㅁ'이 결합되는 경우에는 [ㄴ]으로 발음한다〈표준 발음법 제30 항〉.
④ [피으페] → [피으베]

9 ③
③ 3인칭(작가) 관찰자 시점은 작가가 인물에 개입하여 설명, 분석, 해석할 수 없다.

10 ②
② 초성은 발음 기관을 상형했으며, 중성은 천(天)·지(地)·인(人)을 본떠서 만들었다.

11 ②
② 「동동」은 1년 열두 달로 나뉘어 구성된 형식의 시가로 이러한 형식을 '달거리' 또는 '월령체'라고 한다.

12 ④

「금오신화」가 「전등신화」의 영향을 받은 것으로 보이나 우리나라를 배경으로 하여 향토적이며, 민족의식이 엿보이는 작품으로 평가한다.

13 ②

② 최초의 현대 희곡인 조중환의 「병자 3인」을 「매일신보」에 연재하였다.

14 ④

④ 改悛(개전) … 행실이나 태도의 잘못을 뉘우치고 마음을 바르게 고쳐먹음

15 ②

① 君子欲訥於言 而敏於行(군자욕눌어언 이민어행) : 군자는 말은 느리되 행동은 민첩하고자 한다.

③ 過而不改 是爲過矣(과이불개 시위과의) : 잘못을 하고도 고치지 않는 것이 바로 잘못이다.

④ 溫故而知新 可以爲師矣(온고이지신 가이위사의) : 지난 것을 충분히 습득하고 나아가서 새로운 것을 알아야 스승이 될 수 있다.

16 ①

제시된 글은 애니미즘에 대한 설명으로, 자연계의 모든 사물에 생명이 있고, 따라서 영혼이 깃들어 있다고 생각하여 생겨났다. 특히 '농사에 큰 영향을 끼치는 자연현상이나 자연물'이라는 점을 주목하면 태양과 물이 농사에 필수적인 요소였다는 것을 생각할 수 있다.

17 ①

① 옥저는 비옥한 토지를 바탕으로 농사가 잘되었으며 어물과 소금, 해산물이 풍부하였다.

18 ③

후삼국의 통일과정 … 후고구려 건국(901) → 고려 건국(918) → 발해 멸망(926) → 신라 멸망(935) → 후백제 멸망(936)

19 ④

향, 소, 부곡은 천민거주지로 망이 · 망소이의 난은 천민들의 신분해방운동이었다. 이 난으로 인해 공주명학소는 충순현으로 승격되었다.

20 ②

조선후기 수취제도를 개혁하면서 전세는 영정법, 공납은 대동법, 군역은 균역법으로 바뀌었다. 대동미나 결작은 모두 토지 소유량에 대한 부과방법으로 조세의 전세화를 의미한다.

21 ③

농민의 부담을 경감시키는 역할을 한 정책

㉠ **진대법(고구려)** : 가난한 농민을 구제하기 위한 시책으로 흉년시에 곡식을 빌려주었다가 가을에 갚도록 하는 제도

㉡ **제위보(고려)** : 기금을 조성하여 빈민을 구제하는 재단

㉢ **상평창(고려)** : 물가안정기구

㉣ **균역법(조선)** : 1년에 군포 1필 부담

22 ①

화랑도 … 원시사회의 청소년 집단에서 유래하였다. 귀족의 자제 중에서 선발된 화랑을 지도자로 삼고 귀족은 물론 평민까지 많은 낭도들이 따랐다. 여러 계층이 같은 조직에서 일체감을 갖고 활동함으로써 계층 간의 대립과 갈등을 조절하고 완화시켰다.

23 ②

하나 속에 우주의 만물을 아우르려는 화엄사상은 전제왕권을 옹호하는 체계를 지닌다.

24 ④

④ 황룡사는 6세기에 신라 진흥왕이 세운 것으로 당시 신라의 팽창의지를 반영하고 있다. 고구려의 남진정책과 관련된 것은 장수왕이 평양에 세운 안학궁이다.

25 ②

② 「동국여지승람」은 세종 때 편찬된 최초의 인문지리서인 「팔도지리지」에 인문에 관한 내용을 자세히 추가한 현존하는 최초의 인문지리서이다.

26 ①

조선후기의 사서들로 이 시기의 역사학의 특징은 실증적·객관적 서술, 국사에 대한 독자성·전통성 강조, 고대사·문화사에 관심을 기울인 점 등을 들 수 있다.

27 ①

① 1882년에 일어난 임오군란은 정부고관의 집을 습격하는 등의 반정부운동, 일본인 교관 살해 및 일본 공사관 습격의 반일운동, 흥선대원군에게의 도움 요청과 대원군 재집권 지지운동, 구식군인의 주도와 신식군대인 별기군에 대한 반발 등의 개화반대운동의 성격이 있었다.

28 ②

② 3·1운동의 배경에는 윌슨의 민족자결주의, 파리강화회의에 대표 파견, 국내외의 독립운동 준비, 2·8독립선언, 고종의 독살설 등이 있다.

29 ②

1930년대에는 일본이 만주와 중국을 침략함에 따라 우리나라는 군수물자를 공급하는 병참기지가 되어 일본인의 중공업 투자가 더욱 증가하게 되었다.

30 ②

단군신앙을 바탕으로 한 대종교는 독립운동을 펼치기도 하였는데, 중광단이나 청산리대첩에서 승리한 북로군정서는 이와 관련이 깊다.

31 ②

이세돌 9단은 "일인자가 되어도 이길 수 없는 존재(AI)가 있다는 게 은퇴의 가장 큰 이유가 아닌가 생각한다"면서 국산 바둑 AI 한돌과의 대국을 끝으로 프로기사 생활을 마감했다.

32 ④

합계출산율(여성 한 명이 평생 낳을 수 있는 평균 자녀 수)이 한 국가 인구를 장기간 일정수준으로 유지하는데 필요한 인구대체수준 합계출산율인 2.1명보다 낮은 것을 저출산, 1.3명 이하인 것은 초(超)저출산으로 본다. 한국은 2001년 이후 19년째 합계출산율이 1.3명을 밑돌았다. OECD 국가 중 합계출산율이 1.3명 미만으로 떨어진 나라는 12개국에 불과하며 한국은 가장 오랫동안 이 상태를 유지하고 있다.

33 ③

③ **디스인플레이션**(disinflation) : 인플레이션을 극복하기 위해 통화증발을 억제하고 재정·금융긴축을 주축으로 하는 경제조정정책을 말한다. 점차적으로 통화를 수축시킴으로써 물가상승률이 낮아지게 된다. 소비자물가 상승률이 플러스를 기록하더라도 시간이 흐를수록 상승률이 낮아지는 것이다.

① **디플레이션**(deflation) : 통화량의 축소에 의하여 물가가 하락하고 경제활동이 침체되는 현상

② **인플레이션**(inflation) : 화폐가치가 하락하여 물가가 전반적·지속적으로 상승하는 경제현상

④ **스태그플레이션**(stagflation) : 경기 침체에도 불구하고 물가가 오히려 오르는 현상

34 ④

오팔(OPAL)은 'Old People with Active Life'의 앞 글자를 딴 신조어로, 은퇴를 한 후 새로운 일자리를 찾고 여가 활동을 즐기면서 젊은이들처럼 소비하며 새로운 소비층으로 부각되고 있는 5060세대를 일컫는다.

35 ②

사이버불링은 SNS, 모바일 메신저 등의 사이버 공간에서의 집단 따돌림이나 괴롭힘(bullying)을 뜻하는 용어이다.

36 ③

베피콜롬보(BepiColombo)는 일본항공우주연구개발기구(JAXA)와 유럽우주기구(ESA)가 공동 개발한 수성 탐사선으로, 2018년 10월 19일 프랑스령 기아나 우주센터에서 아리안5 로켓에 탑재돼 발사됐다. 2025년 무렵 수성 궤도에 진입하여 수성 지표면과 광물, 대기, 자기장, 입자를 측정하는 임무를 수행하게 된다.

37 ②

2011년 이집트 시민혁명으로 호스니 무바라크 전 이집트 대통령의 30년 철권통치가 무너진 후 열린 대통령 선거에서 무슬림형제단 후보로 출마해 당선된 이집트 첫 민선 대통령인 무함마드 무르시에 대한 설명이다.

38 ②

2022년 11월 21일부터 12워 18일까지 열리는 2022년 FIFA 월드컵 개최국은 카타르이다.

39 ④

④ 크론병은 소화관의 어느 부위에서나 발생하는 만성 염증성 질환이다.

40 ①

7 + 3 + 0 = 10이다.

41 ③

적혈구, 백혈구, 혈소판과 같은 세포성분의 비율이 40~45% 정도이며, 나머지는 액체 성분인 혈장으로 구성돼 있다.

42 ①

① 반달리즘 : 문화유산이나 예술, 공공시설, 자연경관 등을 파괴하거나 훼손하는 행위를 가리키는 말
② 쇼비니즘 : 맹목적·광신적·호전적 애국주의
③ 엘리티즘 : 엘리트들이 사회의 높은 계층으로서 권력을 독점하고 지배하는 것
④ 다다이즘 : 제1차 세계대전 말엽부터 유럽과 미국을 중심으로 일어난 예술운동

43 ②

번들링(bundling) … 여러 상품을 하나로 결합하거나 묶어서 싼 가격에 공급하는 서비스

44 ③

시아파 벨트에 대한 설명이다. 이란, 이라크, 시리아, 레바논이 초승달 모양으로 포진해 있다고 하여 초승달 벨트라고도 한다.

45 ①

① 녹색교통지역은 서울시가 한양도성 자리를 따라 설정한 서울 도심부 친환경 교통 진흥 지역으로 배출가스 5등급 차량을 제한한다.

46 ④

애그테크는 농업을 의미하는 'agriculture'와 첨단기술을 의미하는 'technology'가 결합된 신조어로 농업에 인공지능과 사물인터넷, 드론 등과 같은 첨단기술을 도입해 생산의 효율성을 도모하는 것을 말한다.

47 ①

긱(gig)은 일시적인 일을 뜻하며, 1920년대 미국 재즈 클럽에서 단기적으로 섭외한 연주자를 '긱'이라고 부른 데서 유래하였다.

48 ③

'일제하 일본군위안부 피해자에 대한 보호·지원 및 기념사업 등에 관한 법률' 개정을 통해 정부가 지정한 일본군 '위안부' 피해자 기림의 날은 광복절 하루 전인 8월 14일이다.

49 ②

밤을 새는 긴 촬영 이후 짧은 휴식 밖에 취하지 못하고 다시 촬영을 재개하는 열악한 노동 환경을 한 화면이 사라짐과 동시에 다른 화면이 나타나는 장면 전환 기법인 '디졸브'에 빗대에 이르는 말이다.

50 ②

인력배치의 원칙

ⓒ 적재적소주의 : 팀의 효율성을 높이기 위해 팀원의 능력이나 성격 등과 가장 적합한 위치에 배치하여 팀원 개개인의 능력을 최대로 발휘해 줄 것을 기대하는 것

ⓒ 능력주의 : 개인에게 능력을 발휘할 수 있는 기회와 장소를 부여하고 그 성과를 바르게 평가하며 평가된 능력과 실적에 대해 그에 상응하는 보상을 주는 원칙

ⓒ 균형주의 : 모든 팀원에 대한 적재적소를 고려

제 4 회 정답 및 해설

1 ③

글의 전개 방식 중 분석은 하나의 전체로서 취급될 수 있는 대상을 단순한 요소나 부분들로 나누어 설명하는 방법이다.
① 과정 ② 묘사 ④ 분류

2 ③

③ 모든 언어에는 일정한 규칙(문법)이 있으며 이를 언어의 규칙성이라 한다.

3 ②

구개음화란 끝소리가 'ㄷ, ㅌ'인 형태소가 'ㅣ' 모음을 만나 구개음(센입천장소리)인 'ㅈ, ㅊ'으로 바뀌는 현상을 말한다. ①③④는 구개음화에 의해 [거치], [미다지], [가을거지]로 발음된다.
② 한 형태소 안에서는 구개음화가 일어나지 않기 때문에 '잔디'는 [잔디]로 소리난다.

4 ②

① 주검(파생어), 검붉다(합성어)
② '덧버선'은 '덧(접사) + 버선(어근)', '모가지'는 '목(어근) + 아지(접사)'의 형태로 이루어진 파생어이다.
③ 밥물(합성어), 선생님(파생어)
④ 시나브로(단일어), 풋과일(파생어)

5 ②

② '손을 내밀다'가 관용어로 쓰일 때는 '(무엇을) 달라고 요구하거나 얻어내려고 하다.'의 뜻이다. 여기서는 기본적인 의미인 '앞으로 또는 밖으로 내보내다.'로 쓰였다.

6 ③

① 나는 영철이를 밀었을 뿐이다. / 영철이를 때린 사람은 내가 아니다.
② 청중이 전혀 참석하지 않았다. / 청중이 전부 참석한 것은 아니다.
④ 사랑하는 대상이 영희인지, 순이인지 알 수 없다.

7 ③

③ 비로서 → 비로소
※ 어간에 '-이'나 '-음' 이외의 모음으로 시작된 접미사가 붙어서 다른 품사로 바뀐 것은 그 어간의 원형을 밝히어 적지 아니한다〈한글 맞춤법 제 19 항〉.
예 귀머거리, 너머, 비렁뱅이, 도로, 비로소, 차마

8 ②

① 다음과 같은 말들은 'ㄴ' 소리를 첨가하여 발음하되, 표기대로 발음할 수 있다〈표준 발음법 제 29 항〉.
예 검열[검ː녈 / 거ː멸], 금융[금늉 / 그뮹]
② 송별연[송ː별련] → [송ː벼련]
다음과 같은 단어에서는 'ㄴ(ㄹ)' 소리를 첨가하여 발음하지 않는다〈표준 발음법 제 29 항〉.
예 6·25[유기오], 3·1절[사밀쩔], 송별연[송ː벼련], 등용문[등용문]
③ 'ㄴ'은 'ㄹ'의 앞이나 뒤에서 [ㄹ]로 발음한다. 다만, 다음과 같은 단어들은 'ㄹ'을 [ㄴ]으로 발음한다〈표준 발음법 제 20 항〉.
예 의견란[의ː견난], 임진란[임ː진난], 생산량[생산냥], 결단력[결딴녁], 공권력[공꿘녁], 동원령[동ː원녕], 상견례[상견녜], 횡단로[횡단노], 입원료[이붠뇨]
④ 'ㄴ'은 'ㄹ'의 앞이나 뒤에서 [ㄹ]로 발음한다〈표준 발음법 제 20 항〉.
예 대관령[대ː괄령], 칼날[칼랄]

9 ②

② 염상섭의 「삼대」는 1920년대 서울을 배경으로 만석꾼인 조씨 일가의 할아버지, 아버지, 아들 3대가 서로 다른 가치관 아래서 어떻게 살아가는가를 그린 장편 소설이다.

10 ③

③ 「용비어천가」는 세종 27년(1445)에 훈민정음으로 기록된 최초의 작품이다.

11 ①

「사모곡」은 어머니의 사랑을 예찬한 비연시로, 신라 때의 「목주가」의 후신이라고도 하는 작품이다.

12 ④

④ 판소리계 소설이란 판소리 사설이 독서물로 전환되면서 이루어진 소설을 말한다.

13 ④

④ 〈조선 문단〉(1924)은 동인지의 성격을 탈피하고 추천제를 둔 문예 종합지로 국민 문학파가 활동하였으며, 시조 부흥 운동을 전개하였다.

14 ②

② 決裁(결재) … 결정할 권한이 있는 상관이 부하가 제출한 안건을 검토하여 허가하거나 승인함

15 ④

① 吾鼻三尺(오비삼척) : 내 사정이 급하여 남을 돌볼 겨를이 없음을 이르는 말
② 群鷄一鶴(군계일학) : 많은 사람 가운데에서 뛰어난 인물을 이르는 말
③ 矯枉過直(교왕과직) : 잘못을 바로 잡으려다가 지나쳐서 오히려 나쁘게 됨을 이르는 말

16 ③

토테미즘은 특정 동·식물을 자기 기원과 연결하여 그것을 숭배하는 것을 말한다.

17 ②

② 신라의 수상은 상대등이며, 대아찬은 16관등 중의 하나이다.

18 ②

통일신라는 주·군에 감찰임무를 가진 외사정을 파견하여 중앙집권적 통치조직을 강화시켰으며 9주 5소경을 두어 수도인 금성이 지역적으로 동남쪽에 치우쳐 있는 것을 보완하고, 각 지방의 균형있는 발전을 꾀하였다. 또한 지방호족의 자제를 상경시켜 놓음으로써 지방세력을 통제하였다.

19 ③

제승방략체제 … 각 요충지에 진관을 설치하여 독자적으로 적을 막는 진관체제가 적의 수가 많을 때에는 효과가 없었으므로 16세기 후반에 각 지역의 군사를 방어처에 집결시켜 중앙에서 파견되는 장수의 지휘하에 두게 하는 것이다.

20 ④

제시된 내용은 귀족의 경제생활에 대한 설명으로 귀족은 식읍과 녹읍을 통하여 그 지역의 농민들을 지배하여 조세와 공물을 거두었고 노동력을 동원하였다. 정전은 성덕왕 때 왕토사상에 의거하여 국가에서 토지가 없는 백성에게 지급한 토지이다.

21 ②

호(戶) 단위이던 봉족제가 인정(人丁) 단위의 보법으로 변화되면서 군정의 수는 증가했으나 농민의 요역 기피로 군사가 요역에 동원되는 군역의 요역화가 나타났고, 군역을 기피하게 하였다. 이에 따라 대립제, 방군수포제와 같은 폐단이 생겼다.

22 ②

화백제도와 화랑도를 통해 계급간의 대립과 갈등을 조절하고 집단의 단결을 강화시켰다.

23 ②

② 풍수지리설은 신라말 승려 도선이 중국으로부터 들여온 것으로서 예언적인 도참신앙과 결부되어 신라 정부의 권위를 약화시키는 구실을 하였다.

24 ④

원효에 의해 보급된 정토종은 일반 민중들이 불경의 교리를 이해하지 못해도 '나무아미타불'만 염불하면 서방정토 즉, 극락으로 왕생한다고 주장하였다. 아미타불은 극락을 주재하는 부처란 뜻으로 정토신앙을 근거로 삼았다.

25 ①

현재 전해지고 있는 의궤 중 가장 오래된 것은 1601년에 편찬된 의인왕후산릉도감의궤와 의인왕후빈전혼전도감의궤이다.

26 ③

조선후기에는 유교의 윤리규범에서 벗어나 감정을 자유롭게 표현하는 음악의 형태가 유행하였는데 이는 민중에게서 유행하던 판소리, 민요 등이 확산됨에 따라 나타난 현상이다.

27 ④

① 미국과 일본 간의 밀약으로 미국의 필리핀, 일본의 대한제국에 대한 우위권을 인정하였다.
② 러시아와 일본의 조약으로 일본의 대한제국에 대한 독점권을 인정하였다.
③ 한·일협정서 체결 이후 고문정치를 하였다.

28 ③

7·4남북공동성명(1972. 7. 4) ··· 조국통일의 3원칙(자주적·평화적·민족적 통일)에 합의하고, 서울과 평양 간에 상설 직통전화를 가설하며, 남북조절위원회의 구성과 운영에 합의하는 등 남북대화의 획기적 계기가 마련되었다.

29 ④

일제는 대한제국 말기에 차관제공을 통해 화폐정리 및 금융지배를 해나갔다. 이에 우리 민족은 1907년 국채보상운동을 전개하여 일제의 침략정책에 맞섰으나 일제의 방해로 중단되었다.

30 ③

조선어학회는 조선어연구회를 개편하여 조직한 한글 연구단체로서 한글을 보급하여 민족문화의 향상, 민족 의식의 고취에 노력하였다.

31 ①

빅데이터 경제3법에 해당하는 것은 개인정보 보호법, 신용정보의 이용 및 보호에 관한 법률(신용정보법), 정보통신망 이용촉진 및 정보보호 등에 관한 법률(정보통신망법)이다.

32 ④

옴니채널(omni-channel) ··· '모든 것, 모든 방식' 등을 뜻하는 접두사 '옴니(omni)'와 유통경로를 뜻하는 '채널(channel)'이 합쳐진 신조어로 각 유통 채널의 특성을 결합해 어떤 채널에서든 같은 매장을 이용하는 것처럼 느낄 수 있도록 한 쇼핑 환경을 말한다.

① **쇼루밍(showrooming)** : 매장에서 제품을 살펴본 뒤 실제 구매는 온라인 사이트 등 다른 유통 경로로 저렴한 가격에 하는 것처럼 오프라인 매장이 온라인 쇼핑몰의 전시장(showroom)으로 변하는 현상을 말한다.

② **클러스터** : 산업집적지를 뜻하는 용어로 유사 업종에서 다른 기능을 수행하는 기업, 기관들이 한 곳에 모여 있는 것을 말한다.

③ 셀렉트숍 : 한 매장에 2개 이상의 브랜드 제품을 모아 판매하는 유통 형태로 멀티숍 또는 편집숍이라고 한다.

① 메디슈머 : 메디컬(medical) + 소비자(consumer)
② 프로슈머 : 생산자(producer) + 소비자(consumer)
③ 폴리슈머 : 정책(policy) + 소비자(consumer)

33 ②

'섣달'은 음력으로 한 해의 맨 끝 달을 말하며, '그믐'은 '음력으로 그달의 마지막 날을 말한다. 따라서 음력으로 한 해의 마지막 날을 일컫는 용어는 '섣달그믐'으로 쓴다.

34 ④

『노인과 바다』에서 노인이 잡으려고 했던 물고기는 1,500파운드를 넘을 듯 보이는 거대한 녹새치였다. 노인은 사투 끝에 녹새치를 잡았지만 상어 떼를 만나 녹새치는 결국 뼈만 남게 된다.

35 ③

얼리힐링(early healing)은 영어로 '이르다'는 뜻의 'early'와 '치료'를 뜻하는 'healing'을 결합한 신조어로, 사회·경제적 불안에 지친 30대가 중년이 되기 전부터 사회적 성공을 추구하기 보다는 자신만이 행복을 찾아 나서는 것을 말한다.
③ 30대를 마음껏 즐기자는 얼리힐링족들의 마음은 결혼 시기를 늦추는 원인이 된다.

36 ②

2020년 2월 발사한 천리안위성 2B호에 대한 설명이다. 천리안위성 2B호는 한반도 및 동아시아 지역의 미세먼지 등 대기환경과 한반도 주변의 적조·녹조 등 해양환경을 관측하기 위한 위성으로, 세계 최초의 정지궤도 환경탑재체와 함께 천리안위성 1호에 비해 대폭 성능이 향상된 해양탑재체를 장착하고 있다.

37 ④

모디슈머(modisumer)란 '수정하다(modify)'와 '소비자(consumer)'가 결합한 신조어로, 기존의 상품을 그대로 사용하지 않고 자신만의 아이디어로 다른 무언가와 결합해 새로운 것을 재창조하는 소비자들을 일컫는다.

38 ④

'보통의'라는 뜻의 'normal'과 '반하다'는 의미의 'crush'가 결합된 신조어로, 자극적이고 화려한 것들에 질린 젊은 세대들이 소소하고 평범한 것에 눈을 돌리며 일상의 매력적인 것에서 위안을 찾고 열광하는 현상을 말한다.

39 ①

펭귄 효과 … 상품에 대한 구매 확신이 없어 구매하지 않다가 남들이 구매하면 자신도 자극받아 덩달아 구매하는 현상을 말한다.

40 ①

두뇌집단 또는 지식집단 등으로도 번역되는 싱크탱크(think tank)는 여러 영역의 전문가를 조직적으로 모아서 연구, 개발을 하고 그 성과를 제공하는 조직을 일컫는다.
① 싱크탱크는 장기적 전망의 정책을 지향한다.

41 ③

그리니치 천문대는 영국 런던 교외에 소재하고 있다.

42 ②

하우스 푸어(House Poor) … 서울과 수도권을 중심으로 무리하게 대출을 받아 집을 장만했기 때문에 내 집은 있으나 대출이자와 원금에 허덕이며 힘겹게 살고 있는 사람들을 말한다. 심지어 집값이 떨어지면서 매매가보다 낮은 가격으로 내놓아도 거래가 되지 않는 상황에 이르는 경우도 있다.

43 ②

핀셋처럼 해당 대상만을 콕 찝어 마케팅한다는 점에서 유래하였다.

① 언택트 마케팅 : 고객과 직접 마주하지 않고 서비스와 상품 등을 판매하는 비대면 마케팅
③ 리테일 마케팅 : 매장 내에서 직접적으로 판매를 활성화하기 위한 마케팅 기법
④ 마이크로 마케팅 : 소비자의 인구통계적 속성과 라이프스타일에 관한 정보를 활용하여 소비자의 욕구를 최대한 충족시키는 마케팅 전략

44 ②

유니콘기업은 기업 가치가 10억 달러 이상인 스타트업 기업을 전설 속 동물 유니콘에 비유하여 지칭하는 말이다. 데카콘의 데카(Deca)는 10이라는 뜻으로 유니콘기업의 10배에 해당하는 100억 달러 규모의 스타트업 기업을 말한다.

45 ③

프로보노(Probono) … 라틴어 'Pro Bono Publico'의 줄임말로서 '정의를 위하여'라는 뜻이다. 지식이나 서비스 등을 대가없이 사회 공익을 위하여 제공하는 활동을 말한다.

46 ②

번아웃 증후군 … 지나치게 업무에 집중하던 사람이 어느 순간 연료가 다 타버린 듯 무기력해지며 심신이 탈진하는 상태를 의미한다. 과도한 피로와 스트레스 누적으로 인해 발생하는 것으로 'burn out'의 어원 그대로 '타버리다, 소진되다'는 뜻을 내포한다.

① 심열(心熱) : 한의학에서 울화 때문에 생기는 열을 가리킨다. 지속적인 스트레스, 정서적 불안정과 장기 기능의 균형이 무너지게 되면 심열이 생기게 된다.
③ 일반 적응 증후군 : 신체가 스트레스를 받는 상황에서 자신을 방어하려는 일반적인 시도가 나타난다는 것을 뜻하는 용어이다.
④ 대사증후군 : 고혈당, 고혈압, 고지혈증, 비만, 죽상경화증 등의 여러 질환이 한 개인에게서 한꺼번에 나타나는 상태를 말한다.

47 ④

초신성 폭발은 태양의 10배 이상 되는 질량을 가진 거성이 연료를 모두 소진한 뒤 폭발로 별의 생을 끝내는 현상을 가리킨다.

48 ④

④ 배송용 포장재 문제를 해소하기 위해 정기적으로 같은 곳에 배송되는 경우 당일 배송되어 위생문제가 없는 범위에서 2022년까지 스티로폼 상자 대신 재사용 상자를 이용, 회수·재사용하는 사업을 추진한다.

49 ③

외로운 늑대(Lone Wolf) … 특정 조직이나 이념이 아니라 정부에 대한 개인적 반감을 이유로 스스로 행동에 나서는 특징을 가지고 있고 전문 테러 단체 조직원이 아닌 자생적 테러리스트를 이르는 말

① 악시옹 디렉트 : 프랑스의 비밀 테러리스트 단체
② 빛나는 길 : 페루 내전을 주도했던 페루 최대의 반정부 테러조직
④ 붉은 여단 : 1970년 결성된 이탈리아의 극좌파 테러조직

50 ③

내셔널트러스트(National Trust) … 시민들의 자발적인 모금이나 기부·증여를 통해 보존가치가 있는 자연자원과 문화자산을 확보하여 시민 주도로 영구히 보전·관리하는 시민환경운동으로, 우리나라에서는 1990년대부터 각 지역의 특정 자연환경과 문화유산 보전을 위한 시민 성금모금, 그린벨트 보존 운동을 거쳐 2000년 한국내셔널트러스트가 출범했다.

① 넵튠계획 : 영국 자연보호운동의 민간조직인 내셔널트러스트(National Trust)가 1965년부터 진행시키고 있는 해안선 매수운동(買收運動)
② 시빅트러스트 : 환경 개선을 위해 지역주민이나 기업이 함께 출자하여 각종 사업을 벌이는 시민 환경운동단체

제5회 정답 및 해설

1 ③

글의 세부 내용을 파악하기 위해서는 정확하고 자세하게 읽어야 하며 전체적인 구조와 짜임, 중심 내용을 파악하기 위해서는 세부 내용에 치중하기보다는 전체를 훑어보아야 한다.

※ 독서의 여러 가지 방법

    ㉠ **통독(通讀)** : 단순한 내용일 때 전체를 가볍게 읽는 방법으로 소설이나 신문 등을 읽을 때 사용된다.

    ㉡ **다독(多讀)** : 많은 내용을 읽는 방법으로 연구 주제를 위한 참고 서적을 읽을 때 사용된다.

    ㉢ **속독(速讀)** : 빠른 속도로 읽는 방법이다.

    ㉣ **묵독(黙讀)** : 눈으로 조용히 읽어 가는 방법이다.

    ㉤ **정독(精讀)** : 내용을 자세히 파악해 가며 읽는 방법으로 양서, 교과서, 전문 서적 등을 읽을 때 사용된다.

2 ②

④ 랜드마크는 표지물, 표시로 순화할 수 있다.

3 ④

④ 'ㅣ'모음 역행동화에 의한 발음은 원칙적으로 표준 발음으로 인정하지 않으나 냄비, -내기, 동댕이-치다는 표준어로 인정한다.

①②③ 손잡이, 호랑이, 가자미가 표준어이다.

4 ③

높임 표현은 말하는 이, 듣는 이, 문장 속에 등장하는 사람 사이의 관계를 고려하여 표현해야 한다.

③ '오다'의 동작의 주체는 할아버지가 아니라 철수이므로 '철수야, 할아버지께서 오라셔.'가 적합하다.

5 ④

① 키가 큰 사람이 '형'인지 '형의 친구'인지 알기 어렵다.

② '형'과 함께 아우를 찾아 나섰는지 '나' 혼자 형과 아우를 찾아 나섰는지 알 수 없다.

③ '아름다운'이 꾸며 주는 말이 '고향'인지 '고향의 하늘'인지 불분명하다.

6 ③

③ '돈 따위가 헤프게 없어지지 아니하고 계속 남는다'의 의미이다.

①②④ '무른 것이 단단해진다'는 의미이다.

7 ④

④ 아지랭이 → 아지랑이, '아지랑이'는 'ㅣ' 역행 동화가 일어나지 아니한 형태를 표준어로 삼는다.

8 ②

부사의 끝음절이 분명히 '이'로만 나는 것은 '-이'로 적고, '히'로만 나거나 '이'나 '히'로 나는 것은 '-히'로 적는다〈한글맞춤법 제 51항〉

※ 부사화 접미사 '-이'와 '-히'의 구별

    ㉠ '-이'로 적는 경우

      • 어근이 명사나 부사일 때

        예 간간이, 겹겹이. 다달이

      • 용언의 기본형이 '-하다'로 끝나지 않을 때

        예 가깝다 : 가깝+이 → 가까이

      • 용언의 어근이 'ㅅ'으로 끝날 때

        예 느긋하다 : 느긋+이 → 느긋이

    ㉡ '-히'로 적는 경우

      • 용언의 기본형이 '-하다'로 끝날 때

        예 넉넉히, 고요히, 건강히

      • 그 밖의 '-히'로만 적는 것

        예 속히, 특히, 극히

9 ③

③ F.O.는 밝은 화면이 점점 어두워지는 것이며, 어두운 화면이 점점 밝아지는 것을 가리키는 용어는 F.I.이다.

10 ④

중국의 진수가 지은 「위지 동이전」은 우리 고대 민족들의 생활상과 풍속을 포함하여 여러 가지 사실을 비교적 상세하게 전한다는 점에서 고대사 연구에 중요한 문헌으로 이용된다. 이로써 고대사회의 제천 의식 등 농경의례의 모습과 정치조직의 발전 정도를 알 수 있다.

11 ③

① 「사모곡」 ② 「동동」 ③ 「가시리」 ④ 「청산별곡」

※ **고려 가요의 후렴구**

　　㉠ 「사모곡」 : 위 덩더둥셩

　　㉡ 「청산별곡」 : 얄리얄리 얄라셩 얄라리 얄라

　　㉢ 「가시리」 : 위 증즐가 대평성대(大平聖代)

　　㉣ 「동동」 : 아으 동동(動動)다리

　　㉤ 「서경별곡」 : 위 두어렁셩 두어렁셩 다링디리

　　㉥ 「이상곡」 : 다롱디우셔 마득사리 마득너즈세 너우

　　㉦ 「쌍화점」 : 더렁둥셩 다리러디러 다리러디러 다로러 거디러 다로러

　　㉧ 「정읍사(백제)」 : 어긔야 어강됴리 아으 다롱디리

12 ③

③ 소양정기 → 소양정(1912, 이해조)

13 ③

김동인의 문학사적 업적

　㉠ 결정론에 근거한 자연주의 문학의 기틀 마련

　㉡ 문예동인지 〈창조〉와 〈영대〉등을 간행

　㉢ 간결체의 개성적인 문체와 언문일치 확립

　㉣ 용언에서의 과거 시제 도입

14 ④

④ 掠奪(약탈) … 폭력을 행사해 남의 것을 억지로 빼앗음을 이르는 말이다.

15 ②

뽕나무 밭이 푸른 바다로 변한다는 뜻으로, 세상이 몰라볼 정도로 변함을 비유한 말이다.

① 자신의 흉은 모르고 남의 잘못이나 결함만을 흉봄을 비유적으로 이르는 말.

③ 여러 사람이 자기주장만 내세우면 일이 제대로 되기 어려움을 비유적으로 이르는 말.

④ 한마디 말을 듣고도 여러 가지 사실을 미루어 알아낼 정도로 매우 총기가 있다는 말.

16 ②

명도전, 반량전, 오수전을 사용한 것은 철기시대부터이다.

①③④ 청동기시대의 유물이다.

17 ①

고구려는 장수왕 때 남진정책으로 한강 유역을 차지하고 중원고구려비를 세웠으며, 신라의 진흥왕은 고구려의 적성을 점령하고 그 기념으로 단양적성비를 세웠다.

18 ①

㉣과 ㉤은 광종의 개혁정치와 관련된 내용이다.

19 ①

시대별 감찰기구 … 사정부(통일신라시대) → 중정대(발해) → 어사대(고려시대) → 사헌부(조선시대)

20 ②

호포론 ⋯ 양반층에게도 군포를 부담시키자는 주장으로 군역의 폐단이 심해지면서 영조와 일부 관료들이 시도하였으나 대다수 양반들이 반상의 구별이 없어진다고 하여 반대하였다. 호포제는 흥선대원군 때에 비로소 실시되었다.

② 제시된 내용은 대동법에 대한 설명이다. 서울에 선혜청을 설치하고 대동법을 시행한 결과 농민의 부담이 경감되었고, 조세의 금납화가 이루어져 물품의 수요와 공급증가로 상업, 수공업, 화폐경제가 발달하였다.

21 ①

① 문벌 귀족은 과거와 음서를 통하여 관직을 독점하고 정치권력을 장악하였다.

22 ①

무령왕릉은 중국 남조의 영향을 받은 웅진시대의 벽돌무덤이다. 도굴당하지 않은 상태로 발굴되어 여러가지 부장품이 출토되었으며, 백제 미술의 귀족적인 특성을 알 수 있는 대표적인 무덤이다.

23 ④

고려의 불교는 불경전집인 대장경을 간행하면서 호국적 불교, 현세 이익적 불교로서의 성격을 나타내었다.

24 ④

① 안견의 작품으로 꿈속의 이상세계를 표현하였다.

② 신사임당의 작품으로 풀과 벌레를 통해 여성의 심정을 잘 나타내었다.

③ 김홍도의 작품으로 조선후기 서민 사회의 모습을 나타내고 있다.

④ 강희안의 작품이다.

25 ③

① 박세당은 「색경」에서 곡물재배법 외에 채소·과수·화초의 재배법과 목축·양잠기술에 대해 소개하였다.

26 ③

③ 봉건체제 지속 – 위정척사사상

27 ③

③ 대한국국제는 광무정권이 1899년에 제정한 일종의 헌법으로, 대한제국이 전제정치의 국가이며, 황제권의 무한함을 강조하였다.

28 ③

국민교육헌장의 선포와 새마을운동은 국민들의 의식개혁과 민족의식을 높이려는 목적에서 전개되었다.

29 ③

③ 일제로부터의 자주독립을 강조하며 혼백(魂魄)의 정신을 주장한 것은 박은식이다.

30 ①

제시된 글은 박은식의 민족주의 사학을 보여주고 있다. 민족주의 사학과 상반된 일제의 식민사관에 관련된 것은 청구학회이다.

31 ④

네팔 히말라야 산맥 중부에 줄지어선 길이 55km의 고봉(高峯)이다. 특히 해발 8,091m의 제1봉은 세계에서 열 번째로 높은 산으로 히말라야 14좌 중 하나이다.

32 ④

코즈 마케팅(Cause Marketing) ⋯ 기업의 대의명분(Cause)과 마케팅이 전략적으로 결합한다는 의미로 '코즈 연계 마케팅(Cause Related Marketing)'이라고도 한다. 우리나라에서는 CJ제일제당이 생수 제품인 '미네워터'를 구매하는 소비자들이 제품에 따로 마련된 기부용 바코드나 QR코드를 찍으면 아프리카 어린이들이 마시는 물을 정화하기 위한 작업에 드는 비용으로 100원을 기부하게 하는 사례가 있다.

33 ①

C세대 … 접속(Connection), 창조(Creation), 커뮤니티(Community), 큐레이션(Curation) 네 단어에 공통적으로 들어가는 앞 글자 C를 딴 세대로, 2006년 구글 연구진이 처음 고안한 개념이다. 구글은 네 가지 C를 즐기는 세대들이 스마트폰, 태블릿PC 등과 같은 모바일 기기를 이용해 유튜브에 거주할 것이라고 말했다.

② T세대 : 터치 세대, 터치스크린 세대라고도 하는데 태어나면서부터 터치 기기에 익숙한 세대를 일컫는 말이다.

③ BYOD족 : BYOD(Bring Your Own Device)는 태블릿, 노트북, 스마트폰 등과 같은 디지털 기기를 지참하라는 의미로, 자신이 구매한 모바일 기기로 회사 업무를 처리하는 사람들을 말한다.

④ @세대 : 인터넷 e-메일주소에 쓰인 @을 이용하여 만든 용어로, 첨단 정보산업시대에 뉴미디어의 사용이 일상화가 되어 버린 세대를 가리키며 1990년대 말에서 2000년대 초에 생겨난 말이다.

34 ②

뮌하우젠 증후군 … 평소 거짓말하기를 좋아했던 독일인 뮌하우젠의 이야기를 각색한 모험소설 「말썽꾸러기 뮌하우젠 남작의 모험」에서 미국의 정신과의사인 아셔(Richard Asher)가 따와 이름 붙인 것이다. 실제적인 증상은 없어도 병이 있는 것처럼 가장하여 이른바 병원을 찾아가는 증상이다.

35 ③

① 포퓰리즘 : 일반 대중의 인기에만 영합하여 목적을 달성하려는 정치 행태

② 로그롤링 : 정치세력들이 투표거래나 투표담합을 통해 상호지원을 하는 행위

④ 포크배럴 : 특정 지역구를 위한 선심성 사업 혹은 정치자금 후원자를 위한 낭비성 사업

36 ①

경기 침체나 위기가 끝나갈 쯤 입구전략을 끝내고, 물가의 급격한 상승을 동반한 인플레이션과 같은 부작용을 막기 위해 시장에 공급된 통화를 거둬들이고, 금리를 올리며, 세제 감면 혜택을 줄이고, 정부의 적자 예산을 흑자 예산으로 바꾸는 등의 조치를 펴게 되는데, 이를 출구전략이라고 한다.

37 ④

유리천장은 소수민족 출신이나 여성들이 고위 경영자가 상위 관리직으로 올라가는 것을 막는 무형의 장벽을 말한다.

38 ④

HACCP은 위해요소분석(Hazard Analysis)과 중요관리점(Critical Control Point)의 영문 약자로 해썹 또는 식품안전관리인증기준이라 한다.

39 ②

긍정 오류(false positive) … 스팸 필터를 피하는 방법이 점점 교묘해지면서 간혹 정상 이메일을 스팸으로 잘못 식별하여 차단하는 경우가 발생한다.

40 ③

① 리플리 증후군 : 현실 세계를 부정하고 자신이 만든 허구의 세계를 진실로 믿으며 상습적으로 거짓된 말과 행동을 일삼는 인격 장애

② 스톡홀름 증후군 : 인질이 인질범들에게 동화되어 그들에게 동조하는 비이성적 현상

④ 살리에리 증후군 : 천재성을 가진 주변의 뛰어난 인물로 인해 질투와 시기, 열등감을 느끼는 증상

41 ①

쿼드러플 위칭데이 … 주가지수선물, 주가지수옵션, 개별주식옵션의 3가지 파생상품 시장의 만기일이 동시에 겹치는 날인 트리플 위칭데이에 2002년 말부터 거래되기 시작한 개별주식선물이 합세하면서 쿼드러플 위칭데이로 일컫는다.

42 ④

예산의 구성요소

비용	직접비용	재료비, 원료와 장비, 시설비, 여행(출장) 및 잡비, 인건비 등
	간접비용	보험료, 건물관리비, 광고비, 통신비, 사무비품비, 각종 공과금 등

43 ④

① 복세편살 : '복잡한 세상 편하게 살자.'의 줄임말이다.

② 소확행 : 작지만 확실한 행복의 줄임말로, 무라카미 하루키는 그의 수필에서 소확행을 '갓 구운 빵을 손으로 찢어 먹는 것, 서랍 안에 반듯하게 접어 넣은 속옷이 잔뜩 쌓여 있는 것, 새로 산 정결한 면 냄새가 풍기는 하얀 셔츠를 머리에서부터 뒤집어 쓸 때의 기분…'이라고 정의했다.

③ 킨포크 라이프 : 미국 포틀랜드의 라이프스타일 잡지 「킨포크(KINFOLK)」의 영향을 받아 자연친화적이고 건강한 삶을 추구하는 현상을 말한다.

44 ②

① 방 안의 코끼리 : 누구나가 잘못되었다는 것을 알고 있으면서도 먼저 그 말을 꺼내서 불러오게 될 위험이 두려워 아무도 먼저 말하지 않는 커다란 문제

③ 회색코뿔소 : 지속적인 경고로 충분히 예상할 수 있지만 쉽게 간과하는 위험 요인

④ 검은 백조(블랙스완) : 도저히 일어날 것 같지 않지만 만약 발생할 경우 시장에 엄청난 충격을 몰고 오는 사건

45 ①

헥셔-올린 정리(Heckscher–Ohlin theorem)란 각국은 자국에 상대적으로 풍부한 부존요소를 집약적으로 사용하는 재화생산에 비교우위가 있다는 것이다. 즉, 노동풍부국은 노동집약재에 비교우위가 있고 자본풍부국은 자본집약재 생산에 비교우위가 있다.

46 ③

소니 픽처스 엔터테인먼트(Sony Pictures Entertainment, Inc.)는 일본의 소니가 1987년 미국에 설립한 소니 엔터테인먼트 부문의 자회사이자 다국적 미디어 지주회사다.

47 ③

유로화를 사용하는 19개국인 유로존에는 에스토니아, 라트비아, 오스트리아, 벨기에, 키프로스, 핀란드, 프랑스, 독일, 그리스, 슬로바키아, 아일랜드, 이탈리아, 룩셈부르크, 몰타, 네덜란드, 포르투갈, 슬로베니아, 스페인, 리투아니아가 속한다.

48 ②

퍼펙트스톰 … 세계경제가 미국의 재정위기, 중국의 경제성장 둔화, 유럽의 채무 재조정, 일본의 스테그네이션 등이 결합되어 퍼펙트스톰을 맞게 될 가능성이 크다고 전문가들은 경고하고 있다.

① 재정절벽 : 세금감면 혜택 종료와 정부지출 삭감정책이 동시에 실시되면서 경기가 급격히 위축되는 현상으로 재정절벽이 지속되면 경제 위기를 초래할 수 있다.

③ 스테그네이션(stagnation) : 사전적 의미 그대로 경제적 정체 현상을 말한다. 경제가 성장하지 않고 정체한 상태로 경제성장률 2~3% 이하로 떨어져 있는 상태를 나타낸다.

④ 서브프라임모기지 : 신용등급이 낮은 저소득층에게 주택 자금을 빌려 주는 미국의 주택담보대출 상품으로, 우리말로는 비우량주택담보대출이라 한다.

49 ②

호경기에는 소비재의 수요 증가로 인하여 상품의 가격이 상승하게 되는데, 이때 가격 상승의 폭이 노동자의 임금 상승의 폭보다 커서 노동자의 임금이 상대적으로 저렴해진다. 이러한 경우 기업은 기계를 대신하여 노동력을 사용하려는 경향이 발생하게 되는데 이를 리카도 효과라고 한다.

50 ④

백색국가 일명 화이트 리스트에 대한 내용이다.